LOS PILARES

DEL CARÁCTER

CRISTIANO

Libros de John MacArthur publicados por Portavoz

Comentario MacArthur del Nuevo Testamento

Comentario MacArthur del Antiguo Testamento

LOS PILARES DEL CARÁCTER CRISTIANO

LA ESENCIA DE UNA FE VIVA

JOHN MACARTHUR

EDITORIAL
PORTAVOZ

La misión de Editorial Portavoz consiste en desarrollar y distribuir productos de calidad —con integridad y excelencia—, desde una perspectiva bíblica y confiable, que animen a las personas a conocer y servir a Jesucristo.

EDITORIAL PORTAVOZ
2450 Oak Industrial Drive NE
Grand Rapids, MI 49505 USA
Visítenos en: www.portavoz.com

ISBN 978-0-8254-5588-9 (rústica)
ISBN 978-0-8254-5589-6 (Kindle)
ISBN 978-0-8254-5590-2 (epub)

1 2 3 4 5 edición / año 33 32 31 30 29 28 27 26 25 24

Impreso en los Estados Unidos de América
Printed in the United States of America

Contenido

Introducción

Si alguna vez visitas Londres, no tendrás ninguna dificultad en divisar la catedral de San Pablo. Es considerada una de las diez construcciones arquitectónicas más hermosas del mundo y domina el perfil de la ciudad. La venerable estructura se levanta como un monumento a su creador, el astrónomo y arquitecto Sir Christopher Wren. Aunque la catedral de San Pablo es su logro más conocido, una interesante historia está relacionada con un edificio menos conocido producto de su diseño.

Wren recibió el encargo de diseñar el interior del Ayuntamiento de Windsor, ubicado al oeste del centro de Londres. Su plan exigía unas grandes columnas para apoyar el alto techo. Cuando la construcción estaba terminada, los notables de la ciudad recorrieron el edificio y expresaron su preocupación con respecto a un problema: las columnas o los pilares. No era que les preocupaba el uso de columnas, sino que querían más de ellas.

La solución de Wren fue tan diabólica como inspirada. Hizo exactamente tal como se le dijo e instaló cuatro nuevas columnas cumpliendo así las exigencias de sus críticos. Esas columnas adicionales permanecen en el Ayuntamiento de Windsor hoy día y no son difíciles de identificar. Son las que no sostienen peso alguno y, en realidad, nunca alcanzan el techo. Son columnas falsas. Wren colocó las columnas solo para cumplir un propósito, es decir, darle buena apariencia. Son adornos hechos solamente para satisfacer la vista. En lo que respecta a apoyar el edificio y fortalecer la estructura, son tan inútiles como las pinturas que cuelgan de las paredes.

Aunque me entristece decir esto, creo que muchas iglesias han construido unas cuantas columnas solo como decoración, especialmente en la vida de cada uno de sus miembros. En un esfuerzo por renovar la iglesia y hacerla funcionar mejor, muchos dirigentes han puesto en práctica estilos atractivos de adoración y de enseñanza, junto con formatos organizativos "innovadores" diseñados para atraer a más personas a la iglesia. La *sustancia* ha sido reemplazada por la *sombra*. El *contenido* queda fuera, el *estilo* queda dentro. El significado queda desalojado, el método es introducido. La iglesia puede parecer correcta, pero sostiene poco peso.

Esa tendencia quizá se hace más evidente en un área especialmente cercana a mi corazón, la enseñanza de la Palabra de Dios. Demasiadas iglesias hoy día se han olvidado de que su principal propósito es muy simple. Igual que "la iglesia del Dios viviente" deben ser "columna y baluarte de la verdad" (1 Ti. 3:15). En su lugar, han construido una fachada que no ofrece apoyo, sostiene poco peso y se queda lejos de alcanzar las alturas que Dios diseñó para la iglesia y que desea que la iglesia alcance.

El resultado es la existencia de columnas falsas, decorativas, en la vida del pueblo de Dios, que a la postre le dan un falso sentido de la salvación y de la madurez espiritual. Nunca llegan a aferrarse a la realidad, es decir, a la necesidad de transformar las viejas y pecaminosas actitudes, en actitudes nuevas y bíblicas. En los cerca de treinta años de ministerio en la Grace Community Church he aprendido que, si las actitudes espirituales de las personas son correctas —como resultado de una enseñanza bíblica cuidadosa y prolongada—, la estructura organizativa de la iglesia, su forma y su estilo se convierten en cosas menos importantes.

Una vida saludable para la iglesia solo se origina en una actitud espiritual adecuada por parte de sus miembros (cf. Dt. 30:6; Mt. 22:37; Mr. 12:32-34; He. 10:22). El deseo ferviente del apóstol

Pablo, por el que trabajaba y oraba con tanta diligencia, era que Jesucristo fuera formado plenamente en la vida de cada uno de aquellos a quienes ministraba: "Hijitos míos, por quienes vuelvo a sufrir dolores de parto, hasta que Cristo sea formado en vosotros" (Gá. 4:19). Amplió ese concepto cuando animó a los colosenses diciéndoles: "La palabra de Cristo more en abundancia en vosotros, enseñándoos y exhortándoos unos a otros en toda sabiduría, cantando con gracia en vuestros corazones al Señor con salmos e himnos y cánticos espirituales" (Col. 3:16). Dios desea obrar en la vida íntima del creyente. Por lo tanto, la meta de todos los pastores y líderes espirituales de la iglesia debe ser ver vidas transformadas. Todo ministerio y actividad de adoración que realizan debe motivar a las personas a pensar bíblicamente.

Es mi deseo que este libro contribuya a despertar y a motivar tu corazón hacia las actitudes espirituales clave que muevan y transformen tu vida de dentro hacia afuera. Con eso en mente vamos a estudiar trece actitudes fundamentales, o pilares si lo prefieres, del carácter cristiano que las Escrituras enseñan que todos los seguidores de Cristo genuinos debemos poseer y que debemos desarrollar continuamente. No es una lista exhaustiva, pero cada actitud es esencial para el comportamiento cristiano maduro.

Los primeros cinco capítulos definen, explican e ilustran los pilares cristianos básicos de la fe, la obediencia, la humildad, el amor y la unidad. El capítulo 6 es un recordatorio de que el crecimiento espiritual es un mandato, no una opción. Los capítulos 7 al 9 te animarán a exhibir las actitudes del perdón, el gozo y la gratitud en todo tiempo, incluso cuando las circunstancias dificultan hacerlo. El capítulo 10 es un estudio de la fortaleza espiritual, con énfasis en las características de un cristiano fuerte según 2 Timoteo 2. En el capítulo 11 se dará consideración a algunos principios de autodisciplina y las maneras prácticas de aplicarlos. El capítulo 12 contempla la naturaleza de la verdadera adoración, centrándose en la enseñanza de Jesús a la mujer samaritana en

Juan 4. Finalmente, en el capítulo 13 haremos un estudio cuidadoso de la actitud de la esperanza cristiana y veremos que esta es una maravillosa fuente de optimismo y de tranquilidad.

Sin ninguna duda, el factor crucial para vivir la vida cristiana es la condición de tu corazón. ¿Comprendes y aplicas los pilares fundamentales del carácter cristiano tan claramente bosquejados en la Palabra de Dios? El apóstol Pablo escribe este excelente resumen de cómo una actitud piadosa tiene relevancia para la vida diaria: "Siervos, obedeced a vuestros amos terrenales con temor y temblor, *con sencillez de vuestro corazón, como a Cristo*; no sirviendo al ojo, como los que quieren agradar a los hombres, sino como siervos de Cristo, *de corazón haciendo la voluntad de Dios;* sirviendo de buena voluntad, como al Señor y no a los hombres" (Ef. 6:5-7). Es mi oración sincera que hacer la voluntad de Dios de corazón se convierta en una realidad permanente en tu vida como resultado de este estudio.

1

El punto de partida: Una fe genuina

DE MANERA COMÚN, la fe o la confianza son la base de cómo vive cada uno. Bebemos agua por varias razones y confiamos en que ha sido debidamente tratada. Confiamos en que los alimentos que compramos en el supermercado o que comemos en un restaurante no están contaminados. De manera rutinaria cambiamos o depositamos cheques, aun cuando el papel en que están escritos no posee valor intrínseco. Ponemos nuestra confianza en la honestidad de la compañía o la persona que emite el cheque. Algunas veces nos exponemos al bisturí del cirujano, aun cuando no tenemos ninguna experiencia en procedimientos médicos. Cada día ejercitamos una fe innata en alguien o en algo.

¿Qué es la fe espiritual?

De igual manera, cuando tienes fe espiritual, espontáneamente aceptas ideas básicas y actúas en muchas cosas que no comprendes. Sin embargo, tu fe espiritual no actúa de manera innata como lo hace la fe natural. La confianza natural viene con el nacimiento natural, y la confianza espiritual es un resultado directo del nacimiento espiritual. Las conocidas palabras de Pablo en Efesios 2:8

nos recuerdan que: "Porque por gracia sois salvos por medio de la fe; y esto no de vosotros, pues es don de Dios".

Una versión en lenguaje moderno de una de las antiguas confesiones de la iglesia (*La confesión de fe bautista,* modelada estrechamente según la Confesión de Westminster) proporciona esta clara descripción doctrinal de la fe práctica del creyente:

> Por la fe, un cristiano cree que todo lo que ha sido dado a conocer en la Palabra es verdad, porque en ella Dios habla autoritariamente. También percibe en la Palabra un grado de excelencia superior a todos los demás escritos, en verdad a todas las cosas que el mundo contiene. La Palabra revela la gloria de Dios como aparece en sus diferentes atributos, la excelencia de Cristo en su naturaleza y en los oficios que realiza, y el poder y la perfección del Espíritu Santo en todas las obras que emprende. De esta manera, el cristiano es capacitado para entregarse implícitamente a la verdad que cree y otorgar servicio según los diferentes requisitos de distintas partes de las Escrituras. A los mandamientos da obediencia; cuando escucha una amenaza, tiembla. Con respecto a las promesas divinas acerca de esta vida y de la vida venidera, las abraza. Pero los actos principales de la fe salvadora se relacionan, en primer lugar, con Cristo cuando el creyente acepta, recibe y descansa solo sobre Él para la justificación, la santificación y la vida eterna. Y todo por medio de... la gracia (*A Faith to Confess: The Baptist Confession of Faith of 1689* [Sussex, Inglaterra: Carey Publications, 1975], 37).

De modo que el primer pilar fundamental que el pueblo de Dios debe tener es la fe espiritual, o la confianza en Dios. Y esa actitud no crecerá ni se desarrollará a menos que creyentes individuales lleguen a conocer mejor a Dios cada día. Esa verdad es ejemplificada a lo largo de las Escrituras. He aquí algunos ejemplos destacados:

- *Moisés:* "Jehová es mi fortaleza y mi cántico, y ha sido mi salvación. Este es mi Dios, y lo alabaré; Dios de mi padre, y lo enalteceré" (Éx. 15:2).

- *David:* "Te amo, oh Jehová, fortaleza mía. Jehová, roca mía y castillo mío, y mi libertador; Dios mío, fortaleza mía, en él confiaré; mi escudo, y la fuerza de mi salvación, mi alto refugio. Invocaré a Jehová, quien es digno de ser alabado, y seré salvo de mis enemigos" (Sal. 18:1-3).

- *Jeremías:* "Mi porción es Jehová, dijo mi alma; por tanto, en él esperaré" (Lm. 3:24).

- *Pablo:* "Que por esto mismo trabajamos y sufrimos oprobios, porque esperamos en el Dios viviente, que es el Salvador de todos los hombres, mayormente de los que creen" (1 Ti. 4:10).

- *Juan:* "Todo aquel que confiese que Jesús es el Hijo de Dios, Dios permanece en él, y él en Dios. Y nosotros hemos conocido y creído el amor que Dios tiene para con nosotros. Dios es amor; y el que permanece en amor, permanece en Dios, y Dios en él" (1 Jn. 4:15-16).

El ejemplo de fe de Habacuc

Para un vistazo más profundo a cómo los santos bíblicos ejemplificaron la actitud de la fe, consideremos el caso del profeta Habacuc. Su ministerio tuvo lugar a finales del siglo VII a.C., durante los últimos días del poderío asirio y en los comienzos de la hegemonía de Babilonia (por los años 625 al 600 a.C.). La situación en los días de Habacuc era similar a la que con-

La confianza espiritual es un resultado directo del nacimiento espiritual.

frontaron Amós y Miqueas. La justicia y la fidelidad básicamente habían desaparecido de Judá, había mucha maldad y violencia sin control en todo el territorio.

¿Por qué no hay respuesta, Dios?

El comienzo de la profecía, o sermón, de Habacuc revela su frustración y falta de comprensión de por qué Dios no intervenía en los asuntos de Judá y de forma sobrenatural ponía en orden las cosas:

> ¿Hasta cuándo, oh Jehová, clamaré, y no oirás; y daré voces a ti a causa de la violencia, y no salvarás? ¿Por qué me haces ver iniquidad, y haces que vea molestia? Destrucción y violencia están delante de mí, y pleito y contienda se levantan. Por lo cual la ley es debilitada, y el juicio no sale según la verdad; por cuanto el impío asedia al justo, por eso sale torcida la justicia (Hab. 1:2-4).

El profeta se enfrentaba a un verdadero dilema. Probablemente ya le había pedido al Señor que hiciera brotar un avivamiento espiritual para que todo Judá se arrepintiera, o que juzgara al pueblo por su iniquidad, violencia, perversión de la justicia y falta de atención a su ley. Pero Dios no hacía ninguna de esas dos cosas, y Habacuc no podía entender cómo podía Él observar la magnitud del mal de Judá y no actuar.

¿Por qué los caldeos?

Sin embargo, en el pasaje siguiente, Dios le da a Habacuc la más asombrosa e inesperada respuesta:

> Mirad entre las naciones, y ved, y asombraos; porque haré una obra en vuestros días, que aun cuando se os contare, no la creeréis. Porque he aquí, yo levanto a los caldeos, nación cruel y presurosa, que camina por la anchura de

la tierra para poseer las moradas ajenas. Formidable es y terrible; de ella misma procede su justicia y su dignidad. Sus caballos serán más ligeros que leopardos, y más feroces que lobos nocturnos, y sus jinetes se multiplicarán; vendrán de lejos sus jinetes, y volarán como águilas que se apresuran a devorar. Toda ella vendrá a la presa; el terror va delante de ella, y recogerá cautivos como arena. Escarnecerá a los reyes, y de los príncipes hará burla; se reirá de toda fortaleza, y levantará terraplén y la tomará. Luego pasará como el huracán, y ofenderá atribuyendo su fuerza a su dios (Hab. 1:5-11).

La revelación de Dios solo aumentó el desconcierto de Habacuc, porque no era eso lo que esperaba ni lo que deseaba oír. ¿Cómo es posible que Dios use a los caldeos, un pueblo pagano que era mucho más pecador que los judíos, para juzgar y castigar a su pueblo pactado?

Al fin y al cabo, a lo largo de su historia, los caldeos eran notorios por ser un pueblo militarista y agresivo. Se originaron en las montañas del Kurdistán y Armenia, al norte de Irak, y posteriormente establecieron su propio pequeño territorio en el sur de Babilonia en la parte superior del Golfo Pérsico. Desde los comienzos de la hegemonía de Asiria sobre Babilonia, los caldeos fueron una fuente de oposición e irritación para los reyes asirios. Con el tiempo, los caldeos tuvieron un papel preponderante en la caída de Asiria y en el establecimiento del nuevo imperio de Babilonia.

Los caldeos solo adoraban su fortaleza militar y estaban totalmente preparados para amontonar escombros para capturar la ciudad de Jerusalén. (En el antiguo Oriente Medio, las murallas de piedra de una ciudad o de un fuerte eran escaladas una vez que las tropas invasoras amontonaban escombros contra las murallas. Los escombros formaban una rampa sobre la que los soldados podían subir y entrar en la ciudad). Los caldeos eran pecadores, egocéntricos y despiadados, y Habacuc no podía entender cómo Dios podía escoger a un pueblo mucho peor que Judá como agentes para castigar a su pueblo.

La solución del dilema

El desconcertante dilema de Habacuc no podía resolverse mediante la sabiduría humana. Debido a que no entendía el plan de Dios, el profeta dirigió su mirada a la teología: "¿No eres tú desde el principio, oh Jehová, Dios mío, Santo mío? No moriremos. Oh Jehová, para juicio lo pusiste; y tú, oh Roca, lo fundaste para castigar" (Hab. 1:12).

En el cenit de su confusión, mientras se hundía en la arena movediza de su dilema y percatándose de que no podía contestar sus propias preguntas, Habacuc sabiamente apeló a lo que sabía que era verdad acerca de Dios. Primero, reconoció que Dios es eterno y que ha existido desde la eternidad pasada y existirá en la eternidad futura. Habacuc trajo a su memoria que los problemas que él y la nación confrontaban, en realidad, eran parte de un breve período en la historia del mundo. El Señor era mucho más grande que cualquier pequeño segmento de tiempo, con todos los problemas, y Él sabía desde el principio cómo encajaba todo en su plan eterno.

El profeta refuerza sus palabras iniciales al dirigirse a Dios como "oh Jehová, Dios mío, Santo mío". El vocablo *Jehová* relaciona a Dios íntimamente con la nación de Israel como el Dios que guarda el pacto y las promesas hechas a los padres. Habacuc sabía que Dios estaba y está en control en medio de cualquier circunstancia: Él es Omnipotente y nada jamás se escapa de su control. Además, Habacuc reconoce que Dios es Santo: Él no se equivoca y lleva a cabo su programa perfectamente.

Habacuc necesitaba encontrar un fundamento espiritual seguro en su comprensión de la persona y obra de Dios. Por lo tanto, él podía tranquilizarse de que "no moriremos". Sabía que Dios permanecería fiel y no destruiría a Judá, puesto que tiene que cumplir el pacto prometido que hizo con Abraham que garantiza un reino, un futuro y una salvación.

Habacuc vio la fidelidad de Dios y su persona en las palabras finales del versículo 12: "Oh Jehová, para juicio lo pusiste [a los caldeos]; y tú, oh Roca, lo fundaste para castigar". Con eso, aceptó el hecho de que Dios era demasiado puro para aprobar o excusar el mal y que sus ojos no podían contemplar favorablemente la maldad. Por lo tanto, había determinado castigar al pueblo de Judá, y soberanamente escogió a los caldeos para realizar ese castigo. Aun cuando Habacuc no hubiera escogido ese método de juicio, ahora podía decir con mucha más seguridad de fe que antes: "Veo y acepto lo que está ocurriendo".

La fe resumida y aplicada

La esencia de la lucha de Habacuc con el significado de la fe quedó determinada cuando Dios le dijo: "He aquí que aquel cuya alma no es recta, se enorgullece; mas el justo por su fe vivirá" (Hab. 2:4). La frase final de este versículo es una de las declaraciones más importantes en todas las Escrituras porque expresa, de manera resumida, la doctrina fundamental de la justificación por la fe. Por esa razón, "el justo por la fe vivirá" llegó a ser uno de los grandes lemas de la Reforma.

El historiador de la Reforma, J. H. Merle D'Aubigne, escribiendo en el siglo xix, describe el descubrimiento de Martín Lutero de la verdad crucial de Habacuc 2:4 de esta manera:

Él [Lutero] comenzó su asignatura con una explicación de los Salmos, y de ahí pasó a la epístola a los Romanos. Fue de manera más concreta mientras meditaba en esta porción de las Escrituras que la luz de la verdad penetró en su corazón. En la quietud de su habitación solía consagrar horas completas al estudio de la divina Palabra, con esta epístola del apóstol Pablo abierta delante de él. En una ocasión, al llegar al versículo diecisiete del primer capítulo leyó este pasaje del profeta Habacuc, "el justo por su fe vivirá". Ese precepto le impresionó. Hay, por lo tanto, una vida para el justo diferente de la de otros hombres. Esa vida es el regalo de la fe. Esa promesa que recibió en su corazón como si Dios mismo la hubiera puesto allí, le reveló el misterio de la vida cristiana y aumentó esa vida en él. Años después, en medio de numerosas preocupaciones, se imaginaba que todavía escuchaba esas palabras: "el justo por su fe vivirá" (*The Life and Times of Martin Luther* [1846, Chicago: Moody, edición de 1978], 46).

Eso ocurrió cuando Lutero era un joven profesor de Teología Bíblica en la Universidad de Wittenberg en Alemania, a principios del siglo xvi. Esa comprensión lo afectó tan profundamente que algunos años después fue compelido a escribir las famosas noventa y cinco tesis y clavarlas en la puerta de la capilla de Wittenberg. Esas declaraciones desafiaron a la Iglesia Católica Romana a ser más bíblica en algunas de sus doctrinas y prácticas. Especialmente, Lutero estaba en desacuerdo con la venta de indulgencias por la iglesia para conceder perdón de pecados. Señaló que tal remisión es otorgada libremente por Dios como un regalo de gracia, pero solo a quienes vienen a Él en genuino arrepentimiento y fe. Poco después, eso condujo a un desarrollo pleno de la doctrina bíblica de la justificación por la fe y a la expansión de la Reforma protestante por gran parte de Europa.

La declaración de Dios a Habacuc también se usa en pasajes clave del Nuevo Testamento. Además de su importante uso en Romanos 1:17, se cita dos veces más en las epístolas: "Y que por la ley ninguno se justifica para con Dios, es evidente, porque: El justo por la fe vivirá" (Gá. 3:11); "Mas el justo vivirá por fe; y si retrocediere, no agradará a mi alma" (He. 10:38). El profeta Habacuc no relegó el tema de la fe solo al ámbito teológico. Le da una expresión maravillosa de cómo poner en práctica lo antes dicho en los tres versículos finales de su profecía:

Aunque la higuera no florezca, ni en las vides haya frutos, aunque falte el producto del olivo, y los labrados no den mantenimiento, y las ovejas sean quitadas de la majada, y no haya vacas en los corrales; con todo, yo me alegraré en Jehová, y me gozaré en el Dios de mi salvación. Jehová el Señor es mi fortaleza, el cual hace mis pies como de ciervas, y en mis alturas me hace andar (Hab. 3:17-19).

Ninguno de los precipicios de la vida es demasiado imponente si tenemos la actitud de confianza en Dios.

Ese vocabulario era muy significativo y familiar para la sociedad agrícola de los oyentes de Habacuc. Sabían que las higueras siempre florecen, las vides nunca dejan de dar fruto, y los olivos eran tan robustos y duraderos que siempre producían una buena cosecha. Era inconcebible para ellos que los campos dejaran de producir alimentos y el ganado dejara de producir corderos y becerros.

El profeta dice que, aun si esos aspectos rutinarios, ordinarios y fiables de la vida diaria dejaran de funcionar, si todo el mundo fuera virado al revés y retrocediera, todavía se regocijaría en Dios y continuaría confiando en Él. Aun cuando no comprendió las circunstancias, todavía comprendía la persona y la obra de Dios.

Habacuc concluye comparando su estabilidad con aquella que el Señor les da a los ciervos. He tenido la oportunidad de sobrevolar cerca de las montañas de Alaska, he visto cómo se comportan los ciervos. Se paran en un borde escabroso y rocoso de algún precipicio, tranquilos y confiados, sabiendo que sus pezuñas están seguras y fijamente ancladas en el sendero. Esa es la clase de confianza que Dios le dio a Habacuc y la que dará a todo creyente. Aunque pudiéramos estar en el precipicio, completamente desconcertados frente a algún dilema sin solución o alguna dificultad ineludible, el Señor nos hace como ciervos espirituales que andan con seguridad sobre los lugares altos sin temor a despeñarse. Ninguno de los precipicios de la vida es demasiado imponente si tenemos la actitud de confianza en Dios, como la tuvo Habacuc.

La fe es posible por medio de Cristo

En Gálatas 2:20, el apóstol Pablo da testimonio con respecto a la vida de fe: "Con Cristo estoy juntamente crucificado, y ya no vivo yo, mas vive Cristo en mí; y lo que ahora vivo en la carne, lo vivo en la fe del Hijo de Dios, el cual me amó y se entregó a sí mismo por mí". Pablo simplemente dice que tanto él como otros fieles creyentes en Cristo viven su vida confiando constantemente en el Salvador. El apóstol también dice: "porque por fe andamos, no por vista" (2 Co. 5:7). Eso significa que el cristiano, a la larga, no evalúa la vida a través de sus sentidos naturales, sino a través de los ojos de la fe. ¿Cómo podía Pablo estar tan seguro de que la vida cristiana podía funcionar de esa manera? Debido a lo que dijo a los filipenses: "Mi Dios, pues, suplirá todo lo que os falta conforme a sus riquezas en gloria en Cristo Jesús" (Fil. 4:19). La clave verdadera para vivir una vida de fe es el medio divino suplido por la presencia constante y poderosa del Salvador y Señor Jesucristo.

Está claro, pues, que la primera gran actitud cristiana, la fe, comienza con la salvación y ha de caracterizar la totalidad de la vida cristiana. Es el pilar fundamental sobre el cual edificar tu vida, si dices que amas a Jesucristo. Ese era el argumento de Pablo en Romanos 5:1-10:

Justificados, pues, por la fe, tenemos paz para con Dios por medio de nuestro Señor Jesucristo; por quien también tenemos entrada por la fe a esta gracia en la cual estamos firmes, y nos gloriamos en la esperanza de la gloria de Dios. Y no solo esto, sino que también nos gloriamos en las tribulaciones, sabiendo que la tribulación produce paciencia; y la paciencia, prueba; y la prueba, esperanza; y la esperanza no avergüenza; porque el amor de Dios ha sido derramado en nuestros corazones por el Espíritu Santo que nos fue dado. Porque Cristo, cuando aún éramos débiles, a su tiempo murió por los impíos. Ciertamente, apenas morirá alguno por un justo; con todo, pudiera ser que alguno osara morir por el bueno. Mas Dios muestra su amor para con nosotros, en que siendo aún pecadores, Cristo murió por nosotros. Pues mucho más, estando ya justificados en su sangre, por él seremos salvos de la ira. Porque si siendo enemigos, fuimos reconciliados con Dios por la muerte de su Hijo, mucho más, estando reconciliados, seremos salvos por su vida.

GUÍA DE ESTUDIO

Capítulo 1

El punto de partida: Una fe genuina

Resumen del capítulo

Para el creyente, la fe comienza con la salvación y le da forma a todo lo demás en su vida de ahí en adelante.

Para comenzar (escoge una)

1. Recuerda un tiempo cuando tu fe en una persona o en un producto fue verdaderamente probada. ¿Qué fue lo que más desafió tu confianza básica durante esa situación? ¿Necesitó tu confianza ser restaurada? Si fue así: ¿cómo ocurrió?

2. ¿Crees que la mayoría de los que profesan ser cristianos hoy día verdaderamente entienden la definición bíblica de la fe? ¿Por qué sí o por qué no?

Contesta estas preguntas

1. Según *La confesión de fe bautista,* ¿cuáles son los elementos principales que constituyen la fe bíblica?

2. ¿Cuándo ministró Habacuc a Judá? ¿Cuál fue la situación básica que confrontó?

3. ¿Qué fue lo que probablemente pidió Habacuc que Dios hiciera?

4. ¿Quiénes eran los caldeos? ¿Por qué estaba Habacuc tan molesto de que Dios los usara para castigar a Judá?

5. ¿Qué gran verdad con respecto a Dios fue llevada a la atención de Habacuc? ¿Cómo lo ayudó eso a resolver su dilema teológico?

6. ¿Qué resultado tuvo el descubrimiento de Martín Lutero de Habacuc 2:4?

7. ¿Qué versículos del Nuevo Testamento reiteran la verdad clave de Habacuc 2:4?

8. ¿De qué manera el uso que hace Habacuc de la terminología agrícola refuerza su punto sobre la persona y el plan de Dios?

9. ¿Quién suple, en última instancia, los medios para nuestra vida de fe? Aporta por lo menos dos versículos para apoyar tu respuesta.

Céntrate en la oración

- Ora para que Dios mejore tu confianza y tu entendimiento de quién es Él y qué quiere que hagas cuando te enfrentes a las situaciones desconcertantes de la vida.

- Da gracias a Dios por los medios que ha provisto, principalmente por su Palabra, para que ejercites una fe genuina.

Aplicación de la verdad

Lee cuidadosamente Romanos 5:1-10 cada día durante la próxima semana. Medita en uno o varios versículos diferentes cada día y escribe cómo las palabras importantes y los principios clave se relacionan con el diario vivir por la fe.

2

La obediencia:
El compromiso del creyente

LA COMPAÑERA PERFECTA de la fe es la obediencia. La última estrofa del conocido himno "Para andar con Jesús" resume magistralmente la estrecha relación que esas dos actividades fundamentales (fe y obediencia) tienen:

> Mas sus dones de amor nunca habréis de alcanzar
> si rendidos no vais a su altar,
> pues su paz y su amor solo son para aquel
> que a sus leyes divinas es fiel.

Una estrofa en la versión original que dice: "Lo que Él diga haré, do me envíe iré" nos proporciona una simple definición de la obediencia espiritual. Básicamente significa someterse a los mandamientos del Señor, hacer su voluntad basándose en lo que está claramente revelado en las Escrituras.

La fe y la obediencia son inseparables

La Gran Comisión que Jesús dio a sus discípulos señala cuán fundamental es el tema de la obediencia para los creyentes:

> Por tanto, id, y haced discípulos a todas las naciones, bautizándolos en el nombre del Padre, y del Hijo, y del

Espíritu Santo; enseñándoles que guarden todas las cosas que os he mandado; y he aquí yo estoy con vosotros todos los días, hasta el fin del mundo. Amén (Mt. 28:19-20).

Aunque el versículo 19 implica proclamar el evangelio, ver a personas salvadas y hacer que confiesen públicamente su fe en Cristo, el versículo 20 construye sobre la experiencia de salvación del nuevo convertido. El que hace discípulos, o cualquier creyente maduro, les enseñará a los nuevos cristianos a obedecer los mandamientos de Dios en su Palabra y someterse a Él. La Gran Comisión precisa los dos grandes requisitos del proceso de santificación, o de la vida del creyente en Cristo: fe y obediencia.

La obediencia es tan fundamental que, si no está presente en la vida de quien dice ser cristiano, la fe de esa persona debe ser cuestionada

La obediencia es tan fundamental que, si no está presente en la vida de quien dice ser cristiano, la fe de esa persona debe ser cuestionada. Esa verdad es enfatizada más de una vez por el apóstol Juan: "Dijo entonces Jesús a los judíos que habían creído en él: Si vosotros permaneciereis en mi palabra, seréis verdaderamente mis discípulos" (Jn. 8:31); "Si guardareis mis mandamientos, permaneceréis en mi amor" (Jn. 15:10). El apóstol reitera ese principio todavía más claramente en su primera epístola: "Y en esto sabemos que nosotros le conocemos, si guardamos sus mandamientos. El que dice: Yo le conozco, y no guarda sus mandamientos, el tal es mentiroso, y la verdad no está en él" (1 Jn. 2:3-4).

Todos los que profesamos fe en Jesucristo tenemos que demostrar también esa fe mediante la obediencia a la Palabra de Dios. De otro modo, nuestra profesión de fe salvadora es sospechosa. La obediencia de un verdadero creyente será inequívoca, intransigente, sin refunfuñar y de corazón. La obediencia es, por lo tanto, una parte integral de la salvación de una persona.

De hecho, el apóstol Pedro describe la salvación como un acto de obediencia: "Habiendo purificado vuestras almas por la obediencia a la verdad, mediante el Espíritu, para el amor fraternal no fingido, amaos unos a otros entrañablemente, de corazón puro; siendo renacidos, no de simiente corruptible, sino de incorruptible, por la palabra de Dios que vive y permanece para siempre" (1 P. 1:22-23). "La verdad" es el evangelio, que en esencia es un mandamiento a arrepentirse y creer en el Señor Jesucristo (Mr. 1:15). En el Nuevo Testamento, el mensaje del evangelio fue siempre predicado como un mandamiento (cf. Mt. 3:2; 4:17; Mr. 6:12; Lc. 5:32; Hch. 2:38; 3:19; 17:30; 26:20). Debido a que es un mandamiento, requiere obediencia, y todos los que genuinamente hemos nacido de nuevo tenemos una nueva vida espiritual porque hemos oído la verdad contenida en las Escrituras, la hemos creído y la hemos obedecido.

El momento de la salvación, sin embargo, implica más que un acto aislado de obediencia. Cuando alguien pone su confianza en Cristo y en su obra redentora y recibe el perdón de sus pecados, también reconoce que el Salvador es Señor y Soberano sobre su vida. Eso significa que cada creyente se ha comprometido a vivir una vida de constante obediencia, aunque inicialmente no se percató completamente de todas las implicaciones de ese compromiso.

La razón de por qué no comprendemos inmediatamente todas las ramificaciones de nuestro compromiso con Cristo es que Dios, mediante el Espíritu Santo, primero tiene que darnos ese sentido de dedicación. No se origina con nosotros, sino que el Espíritu produce en nuestro corazón la determinación de andar el camino de la obediencia a Dios como siervos de Jesucristo. Ese es el proceso de la santificación, pero eso es solo una fase de nuestra salvación.

Una perspectiva completa de la salvación y sus plenas implicaciones comienza con una compresión básica de la elección divina.

En 1 Pedro 1:1-2 se describe a los creyentes como quienes han sido "elegidos según la presciencia de Dios Padre". La *presciencia* con frecuencia es mal interpretada. No significa que todo el mundo ha operado mediante su propia voluntad, con Dios como un observador neutral que mira adelante desde la eternidad pasada para ver quién va a creer en Él y quién no y entonces escoge salvar algunos y rechazar a otros. En cambio, presciencia significa que antes de que alguien nazca, Dios en su amor predeterminó conocer íntimamente a algunos individuos y salvarlos.

El vocablo griego traducido *presciencia* denota una relación predeterminada. Eso es el mismo concepto que define el plan de Dios para escoger a Israel de entre todas las otras naciones. Él pudo haber escogido una nación más prestigiosa y poderosa para proclamar su verdad al mundo, pero Él soberanamente predeterminó tener una relación especial y personal con Israel (cf. Am. 3:2). Jesús habló de ese tema respecto a los creyentes cuando dijo: "Mis ovejas oyen mi voz, y yo las conozco, y me siguen" (Jn. 10:27).

La elección según la presciencia de Dios es la primera fase de la salvación. El Señor predeterminó desde antes de la fundación del mundo tener una relación espiritual íntima con ciertas personas, esas que han creído o que aún creerán al evangelio antes del fin de la historia.

La frase siguiente de Pedro en el versículo dos: "en santificación del Espíritu", nos hace regresar a la santificación, la fase presente de la salvación. Eso que estaba en el decreto de Dios en la eternidad pasada (la elección) pasó a la esfera del tiempo por medio de la santificación obrada por el Espíritu Santo.

Eso significa que los creyentes somos salvos, mediante el obrar del Espíritu: "Respondió Jesús: De cierto, de cierto te digo, que el que no naciere de agua y del Espíritu, no puede entrar en el reino de Dios" (Jn. 3:5). De modo que el poder santificador del Espíritu comienza en el momento de la salvación. La santificación incluye el ser apartado del control del pecado, la muerte, el infierno y

Satanás, y ser capacitado por el Espíritu Santo para vivir una vida de obediencia, conformada más y más a la imagen de Jesucristo.

Vivir una vida de obediencia es la tercera y futura fase de la salvación, como señala la afirmación de Pedro: "para obedecer y ser rociados con la sangre de Jesucristo" (v. 2). El propósito más extenso de la salvación es que todos los creyentes vivamos el resto de nuestra vida andando en obediencia al Señor. El apóstol Pablo ilumina y resume la fase futura de la salvación en Efesios 2:10: "Porque somos hechura suya, creados en Cristo Jesús para buenas obras, las cuales Dios preparó de antemano para que anduviésemos en ellas".

Un compromiso de obediencia

La breve declaración de Pedro en 1 Pedro 1:2, "y ser rociados con la sangre de Jesucristo", nos pone delante un interesante reto interpretativo. Las palabras del apóstol son pertinentes a nuestra discusión de la cuestión de la salvación, pero a primera vista su significado podría parecer algo extraño y oscuro. El significado, sin embargo, era claro para los lectores originales de Pedro, que incluía a muchos judíos convertidos. Se refería al siguiente pasaje clave del Pentateuco y a la ceremonia gráfica que describe:

Y Moisés vino y contó al pueblo todas las palabras de Jehová, y todas las leyes; y todo el pueblo respondió a una voz, y dijo: Haremos todas las palabras que Jehová ha dicho. Y Moisés escribió todas las palabras de Jehová, y levantándose de mañana edificó un altar al pie del monte, y doce columnas, según las doce tribus de Israel. Y envió jóvenes de los hijos de Israel, los cuales ofrecieron holocaustos y becerros como sacrificios de paz a Jehová. Y Moisés tomó la mitad de la sangre, y la puso en tazones, y esparció la otra mitad de la sangre sobre el altar. Y tomó el libro del pacto y lo leyó a oídos del pueblo, el cual dijo: Haremos todas las cosas que Jehová ha dicho, y obedeceremos. Entonces Moisés tomó la sangre y roció sobre el pueblo, y dijo: He aquí la sangre del pacto que Jehová ha hecho con vosotros sobre todas estas cosas (Éx. 24:3-8).

Al comienzo de Éxodo 24, Moisés acababa de recibir la ley de Dios (los Diez Mandamientos y muchas otras ordenanzas) en el Monte Sinaí. Antes de la nueva ley mosaica, Dios había revelado su voluntad y sus caminos a su pueblo de muchas maneras diferentes. Pero, a partir de ahí, su voluntad sería escrita de manera concreta y específica: todas las cosas en las leyes morales y ceremoniales y todas las leyes de la vida económica y social.

Después de descender del Sinaí, Moisés, con la ayuda del Espíritu Santo, verbalmente relató la voluminosa ley de Dios al pueblo. Y ellos respondieron oralmente a una voz de compromiso bíblico, básicamente diciendo: "Obedeceremos todo lo que hemos oído". Así comenzó un proceso de compromiso entre Dios y su pueblo. Dios acordó, en la forma de la ley mosaica, proporcionar un conjunto de normas para el comportamiento del pueblo que, cuando eran violados, tendrían ciertas implicaciones morales y espirituales. El pueblo aceptó, en la forma de su voto público voluntario, obedecer las palabras de Dios y seguir el sendero de la justicia que su ley ahora establecía.

A continuación de la repetición oral de la ley, Moisés (presumiblemente durante la noche) escribió, bajo la inspiración del Espíritu Santo, todas esas palabras de la ley. Temprano, a la mañana siguiente, edificó un altar al pie del monte Sinaí para simbolizar públicamente el sello del pacto hecho el día anterior entre Dios y el pueblo. Para representar la participación de cada individuo, la característica prominente del altar consistía en doce columnas de piedra (realmente, pilas de piedras), una por cada tribu de Israel. Para expresar mejor la solemne decisión de cada uno de obedecer la ley de Dios, ofrendas quemadas y ofrendas de paz de becerros eran ofrecidas en la presencia del Señor.

A continuación, Moisés hizo algo verdaderamente fascinante con toda la sangre producida a medida que los becerros eran sacrificados y preparados para las ofrendas. La mitad de la sangre permanecía en grandes vasijas, y la otra mitad era esparcida por Moisés sobre el altar, que representaba a Dios. El derramar la sangre fue el siguiente paso demostrable y simbólico que Moisés tomó para ratificar el pacto.

Entonces, como si quisiera reforzar la importancia de su contenido, Moisés permitía que el pueblo tuviera una segunda oportunidad de oír la ley mediante la lectura de todas las palabras que había escrito la noche antes. El pueblo de Israel respondió exactamente como lo había hecho cuando escuchó la lectura de la ley el día anterior: "Haremos todas las cosas que Jehová ha dicho, y obedeceremos" (Éx. 24:7).

La salvación... es un pacto de obediencia. Dios ofrece su Palabra, sus medios de gracia, sus bendiciones y cuidados, y nosotros respondemos con la promesa de obedecer.

Finalmente, Moisés selló el pacto hecho entre Dios y el pueblo al tomar la sangre de las vasijas y rociarla sobre el pueblo. La sangre era la demostración física de que se había hecho un compromiso entre dos partes. La sangre sobre el altar simbolizaba el acuerdo de Dios de revelar la ley. La sangre sobre el pueblo simbolizaba su acuerdo de obedecer esa ley.

Así que el intenso simbolismo de Éxodo 24:3-8 es un paralelismo excelente con las declaraciones con respecto a la salvación en 1 Pedro 1:2. Cuando Pedro dice: "y ser rociados con la sangre de Jesucristo", el apóstol simplemente quiere decir que, cuando un creyente confía en Cristo, acepta su parte del nuevo pacto. Dios permitió al profeta Ezequiel predecir ese principio: "Os daré corazón nuevo, y pondré espíritu nuevo dentro de vosotros; y quitaré de vuestra carne el corazón de piedra, y os daré un corazón de carne. Y pondré dentro de vosotros mi Espíritu, y haré que andéis en mis estatutos, y guardéis mis preceptos, y los pongáis por obra" (Ez. 36:26-27; cf. Jer. 31:33).

De modo que la salvación era y es un pacto de obediencia. Dios ofrece su Palabra, sus medios de gracia, sus bendiciones y cuidados, y nosotros respondemos con la promesa de obedecer. Es como si la sangre que fue rociada en Cristo, el sacrificio perfecto, fue entonces rociada sobre nosotros debido a nuestra aceptación de su nuevo pacto. ¡Qué cuadro tan hermoso es este!

La obediencia en práctica

Cuando vinimos a una fe salvadora en Jesucristo, entramos en un ámbito de obediencia completamente nuevo. Antes de eso, habíamos sido obedientes a la carne, al mundo y al diablo, y éramos controlados por todas las diferentes facetas del pecado. Pero como creyentes, ahora debemos ser obedientes a la justicia de Cristo.

Romanos 6:16-18 nos recuerda cuál es nuestra posición en Cristo y, por lo tanto, qué clase de actitud obediente debemos tener:

> ¿No sabéis que si os sometéis a alguien como esclavos para obedecerle, sois esclavos de aquel a quien obedecéis, sea del pecado para muerte, o sea de la obediencia para justicia? Pero gracias a Dios, que aunque erais esclavos del pecado, habéis obedecido de corazón a aquella forma de doctrina a la cual fuisteis entregados; y libertados del pecado, vinisteis a ser siervos de la justicia.

Primero, el apóstol Pablo expresa el hecho obvio de que cuando alguien se presenta a sí mismo como esclavo de otra persona, la cuestión primordial es la obediencia, es decir, hacer lo que dice el amo. Eso es verdad ya sea el caso de un inconverso y siervo del pecado, o el de un creyente y siervo de Cristo.

Entonces, Pablo toma esa simple ilustración y la aplica a la frase crucial: "habéis obedecido de corazón", en el versículo 17. La obediencia de corazón debe ser una actitud y un deseo primordial en cada cristiano. El creyente debe tener un deseo tan fuerte de obediencia que constantemente manifiesta la obediencia como una característica fundamental de su vida cristiana. Los creyentes llegamos a ser tan obedientes a lo que la Palabra de Dios nos enseña que llegamos a ser "siervos de la justicia" (Ro. 6:18).

Otros pasajes del Nuevo Testamento dejan claro que no es suficiente para los creyentes simplemente oír o leer la Palabra (véase la firme advertencia y la seria ilustración en Mateo 7:21-27). La pregunta fundamental es: ¿estamos obedeciéndola?

Cuando alguien no aplica regularmente las Escrituras a su vida, está engañándose acerca de su verdadera condición espiritual.

El apóstol Santiago se ocupa de la importancia de la obediencia cuando declara: "Pero sed hacedores de la palabra, y no tan solamente oidores, engañándoos a vosotros mismos" (Stg. 1:22). Cuando alguien no aplica regularmente las Escrituras a su vida, está engañándose acerca de su verdadera condición espiritual. Santiago ilustra ese principio de esta manera: "Porque si alguno es oidor de la palabra pero no hacedor de ella, este es semejante al hombre que considera en un espejo su rostro natural. Porque él se considera a sí mismo, y se va, y luego olvida cómo era" (Stg. 1:23-24).

Desafortunadamente, incluso un creyente genuino puede ser engañado con respecto a la mejora espiritual que necesita hacer. Este creyente escucha la enseñanza sobre cierta área de la vida en la que está pecaminosamente deficiente, pero en lugar de aplicar las Escrituras al área deficiente, vive como vivía antes y es engañado con respecto a la verdadera condición de su vida espiritual.

Santiago concluye presentando un perfil del cristiano obediente: "Mas el que mira atentamente en la perfecta ley, la de la libertad, y persevera en ella, no siendo oidor olvidadizo, sino hacedor de la obra, este será bienaventurado en lo que hace" (Stg. 1:25). En el texto griego, el verbo "mira atentamente" se refiere a una mirada concentrada y prolongada para poder valorar algo correctamente. Debes examinar la perfecta ley de la libertad, que es la Palabra de Dios que te libera del pecado y de la muerte (cf. Jn. 8:32; 1 P. 1:23-25; 2:2) y permanecer en ella. Solo siendo "un hacedor eficaz" en vez de "un oidor olvidadizo" serás plenamente bendecido. Una actitud de obediencia produce verdadera bendición.

En conclusión, cuando experimentamos la salvación, hicimos con el Señor un pacto simple, pero de largo alcance. Por lo tanto, la actitud de obediencia debe acompañar la actitud de fe en la vida cristiana porque ambas son fundamentales para nuestra salvación. Las iglesias que tienen la bendición de tener a creyentes que exhiben los dos pilares de la fe y la obediencia también estarán llenas de gozo, poder y bendición de Dios.

GUÍA DE ESTUDIO

Capítulo 2

La obediencia: El compromiso del creyente

Resumen del capítulo

Para los cristianos, la fe y la obediencia están inseparablemente unidas en la relación de nuestro pacto con Dios el Padre, hecha posible por la sangre derramada por Cristo, el Hijo.

Para comenzar (escoge una)

1. ¿Qué historias básicas e imágenes vienen a tu mente cuando piensas en el Antiguo Testamento? Excluyendo los Salmos y Proverbios, ¿cuán relevante ha sido el Antiguo Testamento a tu vida cristiana? ¿Con cuánta frecuencia lo lees y estudias?
2. ¿Alguna vez has tenido una disputa por un contrato hecho con alguien? De ser así, ¿cuán importante ha sido para ti que la otra persona cumpliera las condiciones del contrato? ¿Crees que la mayoría de las personas hoy día todavía toman en serio las condiciones de acuerdos legales o empresariales como se hacía en generaciones pasadas? Explica tu respuesta.

Contesta estas preguntas

1. ¿Qué tiene de fundamental la Gran Comisión (Mt. 28:19-20)?
2. ¿Qué verdad expresa el apóstol Juan por lo menos tres veces? Cita una de las referencias.
3. ¿Cómo fue el mensaje del evangelio siempre predicado en el Nuevo Testamento? Menciona tres ejemplos.
4. ¿Cuál es el significado bíblico correcto del vocablo *presciencia*? ¿Qué significado incorrecto con frecuencia recibe?

5. ¿Cuándo comienza nuestra santificación y qué incluye (cf. Jn. 3:5; 1 P. 1:2)?
6. Resume la fase futura de la salvación como lo expresa Efesios 2:10.
7. ¿En qué actividad importante estaba ocupado Moisés justo antes de los sucesos de Éxodo 24:3-8?
8. ¿Qué promesa básica hizo Dios en la ley de Moisés? Como resultado, ¿a qué se comprometió su pueblo?
9. ¿Qué característica física del altar de Moisés representaba la participación del pueblo en el pacto?
10. ¿Cuál era la importancia de los sacrificios de animales y de la sangre de esos animales?
11. ¿Cómo puede la salvación resumirse como un pacto de obediencia? (cf. Jer. 31:33; Ez. 36:26-27).
12. ¿Qué ilustración proporciona Romanos 6:16-18 acerca de la actitud predominante y el deseo de todo cristiano genuino?
13. ¿Qué le ocurre a cualquiera que no aplica sistemáticamente las Escrituras a su vida (Stg. 1:22-25)?

Céntrate en la oración

Invierte algún tiempo adicional en oración esta semana dando gracias y alabando a Dios porque, en su gracia, te conoció de antemano y te hizo parte de su familia.

Ora por alguna área en tu vida cristiana en la que necesitas mayor obediencia. Pide al Señor que te dé tanta determinación para obedecer como los israelitas tuvieron después de oír a Moisés.

Aplicación de la verdad

Memoriza Mateo 28:19-20 o Santiago 1:25. Después de memorizar el pasaje, escribe tu propia paráfrasis y compártela con un amigo.

3

Bienaventurados los humildes

LA VERDADERA ESPIRITUALIDAD, que se caracteriza siempre por la fe bíblica y la obediencia, va acompañada también de la actitud de humildad. Esa actitud se encuentra en el centro mismo de la vida cristiana. Es el fundamento de todas las gracias y, sin embargo, gran parte de lo que hoy día se considera cristianismo enfatiza el orgullo y el amor propio, cosas que también eran prominentes en el judaísmo en tiempos de Jesús. Los judíos, sobre todo los escribas y los fariseos, exhibían su religión externa delante de otros y esperaban recibir a cambio alabanzas y halagos. Jesús denunció esa hipocresía cuando enseñó a los doce y a otros discípulos lo siguiente:

> Antes, hacen todas sus obras para ser vistos por los hombres. Pues ensanchan sus filacterias, y extienden los flecos de sus mantos; y aman los primeros asientos en las cenas, y las primeras sillas en las sinagogas, y las salutaciones en las plazas, y que los hombres los llamen: Rabí, Rabí. Pero vosotros no queráis que os llamen Rabí; porque uno es vuestro Maestro, el Cristo, y todos vosotros sois hermanos. Y no llaméis padre vuestro a nadie en la tierra; porque uno es vuestro Padre, el que está en los cielos. Ni seáis llamados maestros; porque uno es vuestro Maestro, el Cristo. El que es el mayor de vosotros, sea vuestro siervo. Porque

el que se enaltece será humillado, y el que se humilla será enaltecido (Mt. 23:5-12).

La enseñanza de Jesús acerca de la humildad

Los dirigentes judíos obviamente no prestaron atención a las instrucciones anteriores del Señor en contra del orgullo espiritual al que había aludido en las primeras bienaventuranzas: "Bienaventurados los pobres en espíritu, porque de ellos es el reino de los cielos. Bienaventurados los que lloran, porque ellos recibirán consolación. Bienaventurados los mansos, porque ellos recibirán la tierra por heredad. Bienaventurados los que tienen hambre y sed de justicia, porque ellos serán saciados" (Mt. 5:3-6). Cada una de esas piadosas actitudes, con sus consiguientes promesas, describe a personas que están en el reino de Dios. Identifican a esas personas que tienen consuelo en todas las cuestiones importantes de la vida y que pueden mirar adelante al día en que heredarán la tierra en su forma final, es decir, las glorias del nuevo cielo y la nueva tierra. Y cada bienaventuranza describe una faceta de la humildad.

Pobreza de espíritu

Cristo comienza el sermón con la frase: "Bienaventurados los pobres en espíritu". "Pobre" es el vocablo griego *ptojós,* que significa alguien que es tan pobre que tiene que mendigar. Se usaba específicamente de mendigos que no tenían oficio o que estaban demasiado discapacitados para trabajar. Esas personas tan pobres estaban en bancarrota económica, totalmente desamparadas y sin ningún medio de sostén.

El reino de Dios pertenece a los que están espiritualmente destituidos. Todos los que son genuinamente salvos se han percatado de su propia bancarrota espiritual. De modo que sabían que no podían entrar sobre la base de algún mérito personal. En resumidas cuentas, el reino pertenece a todo aquel que, como el publicano de la parábola de Jesús, tiene esta actitud: "no quería ni aun alzar los ojos al cielo, sino que se golpeaba el pecho, diciendo: Dios, sé propicio a mí, pecador" (Lc. 18:13).

En contraste, formar parte del reino de Dios no pertenece a quienes cuentan con su bautismo, su educación eclesial o su herencia cristiana. La entrada en el reino tampoco pertenece a las personas que solo cuentan con una fecha cuando "hicieron una decisión por Cristo" o cuando pasaron al frente al final del culto. Asimismo, quienes se enorgullecen de su conformidad con todas las formas externas de la tradición de su iglesia, que ofrendan sistemáticamente para los diferentes ministerios y que están siempre ocupados en actividades religiosas no pueden presumir de tener entrada automática en el reino. Los únicos que pueden reclamar esa seguridad son aquellos que humildemente se han abandonado a la misericordia de Dios, fueron limpiados de sus pecados y, por lo tanto, "descendieron a sus casas justificados", tal como Jesús describió al publicano en Lucas 18:14.

Llanto espiritual

Las personas que comprenden y hacen frente a su bancarrota espiritual también "lloran" por sus pecados. Ese no es un llanto inadecuado que manifiesta tristeza por planes pecaminosos que son frustrados (cf. 2 S. 13:2) o que manifiesta una tristeza prolongada y deprimida o una cantidad anormal de pesar debido a lealtades y afectos equivocados (cf. 2 S. 18:33–19:6). Esa clase de llanto es erróneo y con frecuencia se relaciona con culpa egoísta, infidelidad y con una falta de confianza pecaminosa en el Señor.

El llanto del que Jesús habla en Mateo 5:4 ni siquiera es el mismo que la forma legítima que todos manifestamos de vez en cuando como algo normal en la vida, tal como cuando un ser querido muere (cf. Gn. 23:2). Tampoco es la clase de llanto que tiene lugar cuando un creyente está desanimado en el ministerio (2 Ti. 1:3-4), cuando está triste por el pecado de otro (Jer. 9:1), o cuando los creyentes están preocupados por el bienestar espiritual de otros cristianos (Hch. 20:31, 37-38), o cuando están angustiados por las dificultades de un familiar o un amigo (Mr. 9:24).

Jesús ciertamente sabe acerca de todas esas tristezas correctas de los creyentes, y Él les proporcionará toda la ayuda que necesitan para hacer frente a las pruebas. Pero esa no es la cuestión en Mateo 5. En el versículo 4 el Señor se refiere a un llanto piadoso que solo pueden experimentar los que están seriamente en busca de Él para la salvación o los que ya lo conocen. Pablo felicitó a los corintios por esa clase de llanto (tristeza) piadoso: "Porque la tristeza que es según Dios produce arrepentimiento para salvación, de que no hay que arrepentirse; pero la tristeza del mundo produce muerte. Porque he aquí, esto mismo de que hayáis sido contristados según Dios, ¡qué solicitud produjo en vosotros, qué defensa, qué indignación, qué temor, qué ardiente afecto, qué celo, y qué vindicación! En todo os habéis mostrado limpios en el asunto" (2 Co. 7:10-11).

Si continuamente lloramos por el pecado, seremos continuamente consolados.

De los nueve diferentes vocablos griegos usados en el Nuevo Testamento para expresar tristeza, el que es traducido "lloran" en Mateo 5:4 y en otros pasajes representa los sentimientos más fuertes y la tristeza más sincera (cf. Mr. 16:10; Ap. 18:11, 15; y Gn. 37:34 [Antiguo Testamento griego]). Además, comunica el concepto de una profunda agonía interior, acompañada algunas veces por una manifestación externa de llanto y lamento. Cuando David lloró por su pecado y lo confesó, declaró:

> Bienaventurado aquel cuya trasgresión ha sido perdonada, y cubierto su pecado.
> Bienaventurado el hombre a quien Jehová no culpa de iniquidad,
> Y en cuyo espíritu no hay engaño (Sal. 32:1-2).

En Mateo 5:4, Jesús usa el participio presente *penthauntes* que indica una acción continua. Creyentes fieles y maduros tendrán una actitud constante, de toda la vida, de llanto o quebranto por el pecado que les permitirá ver cada vez más del amor y la misericordia de Dios y cada vez menos de su propio orgullo. La verdadera expresión de esta actitud (no permitirá la entrada de la compasión por uno mismo ni de la falsa humildad) no se centra en la persona ni en su pecado, sino que humilde y felizmente mira a Dios quien es el único que puede perdonar la iniquidad. Es la actitud que Pablo expresó en Romanos 7 cuando describió su constante batalla contra el pecado y concluyó diciendo: "¡Miserable de mí! ¿Quién me librará de este cuerpo de muerte? Gracias doy a Dios, por Jesucristo Señor nuestro. Así que, yo mismo con la mente sirvo a la ley de Dios, mas con la carne a la ley del pecado" (Ro. 7:24-25).

Si continuamente lloramos por el pecado, seremos continuamente consolados. Aunque podemos conocer ese consuelo en el presente (Mt. 11:28; 2 Ts. 2:16), este será completado solo en la gloria del cielo, donde: "Enjugará Dios toda lágrima de los ojos de ellos; y ya no habrá muerte, ni habrá más llanto, ni clamor, ni dolor; porque las primeras cosas pasaron" (Ap. 21:4).

Mansedumbre

La actitud de mansedumbre (Mt. 5:5), según la divina sabiduría de nuestro Señor, ocupa lugar en la presentación lógica de las Bienaventuranzas. La pobreza de espíritu nos lleva a alejarnos de nuestro orgullo pecaminoso y a llorar debido a nuestras injusticias. Entonces, la mansedumbre, que también es un producto de nuestra humildad, nos hará buscar la justicia de Dios.

El vocablo griego (*praús*), traducido "mansos" en el versículo 5, esencialmente significa "tierno" o "suave" y a veces describe a una medicina relajante o a una brisa suave. También describe el temperamento de animales cuyos espíritus naturalmente salvajes han sido quebrantados para hacerlos útiles como animales de trabajo.

En los seres humanos define una actitud que es humilde, sumisa, tranquila y compasiva. Aunque Jesús, durante su entrada triunfal en Jerusalén, fue aclamado como el Rey de los judíos, Mateo dice también que venía "manso, y sentado sobre una asna" (Mt. 21:5). La mansedumbre ha sido siempre la voluntad de Dios para su pueblo. Job 5:11 dice de Dios: "Que pone a los humildes en altura, y a los enlutados levanta a seguridad". Números 12:3 dice: "Y aquel varón Moisés era muy manso, más que todos los hombres que había sobre la tierra" y David, el hombre conforme al corazón de Dios, escribió que el Señor: "Encaminará a los humildes por el juicio, y enseñará a los mansos su carrera" (Sal. 25:9).

La mansedumbre es enfatizada también a lo largo del Nuevo Testamento. Además de la enseñanza de Jesús acerca del tema, Pablo tiene mucho que decir. El apóstol exhortó a los creyentes en Éfeso así: "Yo pues, preso en el Señor, os ruego que andéis como es digno de la vocación con que fuisteis llamados, con toda humildad y mansedumbre, soportándoos con paciencia los unos a los otros en amor" (Ef. 4:1-2). Instruyó a Tito a recordar a los cristianos: "que se sujeten a los gobernantes y autoridades, que obedezcan, que estén dispuestos a toda buena obra. Que a nadie difamen, que no sean pendencieros, sino amables, mostrando toda mansedumbre para con todos los hombres" (Tit. 3:1-2).

En castellano, el vocablo *mansedumbre* se ha asociado algunas veces con debilidad, pero esa es una interpretación errónea del significado bíblico. La mansedumbre es poder colocado bajo control, como dice el escritor de Proverbios: "Mejor es el que tarda en airarse que el fuerte; y el que se enseñorea de su espíritu, que el que toma una ciudad" (Pr. 16:32). En contraste, el individuo que no es manso es comparado con una "ciudad derribada y sin muro" (Pr. 25:28). La mansedumbre siempre usa sus recursos adecuadamente, contrario a las emociones fuera de control que tan frecuentemente son destructivas y que no tienen un lugar en la vida del creyente.

La mansedumbre tampoco debe equipararse a la cobardía o a la simple amabilidad humana ni a la falta de convicción. Es, en cambio, una virtud extraída del valor, la fuerza, la convicción y una buena disposición procedente de Dios y no de los recursos humanos egocéntricos. La mansedumbre era una característica de nuestro Señor Jesucristo, quien siempre defendió la gloria de Dios y, finalmente, se dio a sí mismo en sacrificio por otros (cf. 1 P. 2:21-24). Aunque no amenazaba cuando era criticado, calumniado o tratado injustamente, Jesús respondía adecuada y firmemente cuando el honor de Dios era profanado o su verdad era pervertida o descuidada. Dos veces limpió el templo por la fuerza (Jn. 2:14-16; Mt. 21:12-17), y repetidas veces y enérgicamente denunció la hipocresía de los dirigentes religiosos judíos (Mt. 23:13-36; Mr. 12:13-40; Jn. 8:12-59; 9:39-41).

La mansedumbre es lo opuesto a la violencia y a la venganza.

Igual que Cristo, el manso no se defiende a sí mismo. Eso se debe a que ha muerto al ego y, por lo tanto, no le preocupan los insultos, las pérdidas materiales ni aun el daño personal. El creyente que posee mansedumbre sabe que en sí mismo no merece defensa y que, al fin y al cabo, no merece la pena pelear por todas sus posesiones. En ese sentido, la mansedumbre es lo opuesto a la violencia y a la venganza.

El resultado de la mansedumbre, según Jesús, es que quienes la tienen "recibirán la tierra por heredad" (Mt. 5:5). Un día, Dios reclamará su dominio terrenal, que fue ensuciado por la caída, y los creyentes gobernarán ese dominio con Él. Por lo tanto, los que son mansos, es decir, los verdaderos creyentes pueden confiar plenamente en la promesa de Jesús. El uso que el Señor hace del pronombre griego enfático *autos* sugiere que *solo* los mansos heredarán la tierra con Él.

El vocablo griego traducido "heredar" (*kleronoméo*) significa "recibir la porción asignada o la herencia legítima". Es una promesa, junto con el Salmo 37:11, de que a pesar de la prosperidad presente de muchos inconversos y de los sufrimientos que padecen muchos creyentes, se acerca el momento del ajuste de cuentas. El inconverso (a menos que se arrepienta y crea) será juzgado, y el creyente heredará las bendiciones que Dios ha prometido.

La imposición de juicio y el otorgar bendiciones están en las manos soberanas de Dios y se llevarán a cabo exactamente en su tiempo y según su voluntad. Mientras tanto, sus hijos deben vivir en fe y obediencia, con mansedumbre, sabiendo que entonces "recibirán la tierra por heredad".

Hambre y sed espirituales

La cuarta bienaventuranza: "Bienaventurados los que tienen hambre y sed de justicia, porque ellos serán saciados" (Mt. 5:6) es más positiva y fluye de las tres anteriores. Cuando alguien muere a su ego, llora por su pecaminosidad y rinde su poder al control de Dios, recibirá un fuerte deseo por la justicia y un anhelo intenso por más de lo que Dios tiene.

Martyn Lloyd-Jones define la importancia de Mateo 5:6:

> Esta bienaventuranza… es una declaración a la que conducen todas las demás. Es la conclusión lógica a la que llegan, y es algo por lo que todos deberíamos estar profundamente agradecidos a Dios. No conozco un mejor examen que alguien podría aplicarse a sí mismo en la cuestión de la profesión cristiana que un versículo como este. Si este versículo es para ti una de las más benditas declaraciones de toda la Biblia, puedes estar bien seguro de que eres un cristiano. Si no lo eres, harías bien en examinar de nuevo los fundamentos (*Studies in the Sermon on the Mount* [Grand Rapids, MI: Eerdmans, 1971], 1:73-74).

Aunque los creyentes genuinos todavía luchan con la carne pecaminosa (cf. Ro. 8:23), desean conocer y obedecer más y más de la verdad de Dios. Eso es evidente en la confesión de David: "¡Oh, cuanto amo yo tu ley!" (Sal. 119:97). El apóstol Pablo expresa la misma pasión por la justicia: "Porque según el hombre interior, me deleito en la ley de Dios" (Ro. 7:22).

La siguiente historia de la vida real de la Primera Guerra Mundial es una excelente ilustración del profundo significado que la frase de Jesús, "hambre y sed", transmite. Cuando Palestina fue liberada, una fuerza de soldados del Reino Unido perseguía de cerca a los turcos que iban en retirada a través del desierto. Los soldados aliados pronto dejaron atrás a la caravana de camellos que transportaba el agua al pasar Beerseba y continuar hacia el norte. Pero, después, el agua se agotó y los hombres comenzaron a sentir los efectos nocivos. La boca de cada uno de ellos se resecó y sus labios se inflamaron y se volvieron de color púrpura. Surgieron los dolores de cabeza, los mareos y los desmayos. Sus ojos enrojecidos y borrosos veían espejismos. En desesperación, todos se dieron cuenta que tenían que alcanzar los pozos en Sheriah al anochecer para evitar la muerte de miles de hombres. Cientos ya habían muerto de sed. Así que los otros pelearon valientemente y expulsaron a los soldados turcos de Sheriah.

Cuando alguien muere a su ego, llora por su pecaminosidad y rinde su poder al control de Dios, recibirá un fuerte deseo por la justicia y un anhelo intenso por más de lo que Dios tiene.

Después de la batalla, los soldados británicos más fuertes fueron ordenados a permanecer firmes cerca de las grandes cisternas de piedra mientras se distribuía el agua a los heridos y a los que iban a hacer guardia. Mientras los necesitados se refrescaban, los otros hombres estaban a unos siete metros de donde había miles de galones de agua. Habían agonizado durante muchos días para llegar al sitio del agua fresca y aun así fueron obligados a esperar cuatro horas más antes de disfrutar de esta.

Uno de los militares que presenció aquella marcha se dice que hizo esta aplicación espiritual: "Creo que todos aprendimos nuestra primera verdadera lección bíblica en la marcha de Beerseba a los pozos de Sheriah. Si esa fuera nuestra sed de Dios, de justicia y de su voluntad en nuestra vida, un deseo preocupante, consumidor, completo, ¿cuán ricos seríamos en el fruto del Espíritu?" (E. M. Blaiklock, "Water", *Eternity* [agosto, 1966], 27).

Esta ilustración muestra que Jesús usó los más poderosos impulsos y anhelos naturales para representar cómo nosotros, como creyentes, debemos desear profundamente la justicia. Tanto "hambre" como "sed" son participios presentes, que sugieren un deseo y una búsqueda continua. Si conocemos a Cristo, vamos a ansiar la santidad continuamente, tal como anhelamos conocerlo para nuestra salvación. La impecabilidad y la completa semejanza al Señor no ocurrirán hasta que lleguemos al cielo. Por lo tanto, necesitamos tener siempre, y nunca debemos dejar de tener, hambre por un mayor crecimiento en la santificación. Esa es una actitud que tendremos cada día (cf. Lc. 6:21), si somos verdaderamente mansos. Pablo oraba por los filipenses de esta manera: "Y esto pido en oración, que vuestro amor abunde aún más y más en ciencia y en todo conocimiento, para que aprobéis lo mejor, a fin de que seáis sinceros e irreprensibles para el día de Cristo" (Fil. 1:9-10).

Otra característica del hambre espiritual es que su objeto lo abarca todo. Eso se ve claramente en la gramática de Mateo 5:6. Jesús usa un genitivo de objeto, según el texto griego, para el vocablo "justicia", que lo hace el objeto completo e incuestionable de "hambre y sed". Los que verdaderamente anhelan la justicia desearán toda la justicia que existe (cf. Mt. 5:48; 1 P. 1:15-16).

Nuestro Señor usa el artículo determinado griego (excluido de muchas versiones castellanas) delante del sustantivo "justicia" lo que denota una clase especial de justicia, "*la* justicia", esa que es verdadera y solo procede de Dios, porque en realidad reside en Él. Finalmente, la actitud de hambre espiritual es incondicional. Si tenemos esa clase de hambre, buscaremos y aceptaremos la justicia de Dios sin importar cómo Él la provea, y obedeceremos sus mandamientos por muy desafiante y difícil que sea esa tarea. No seremos como el joven rico (Mr. 10:17-22), el cual tenía hambre por las cosas de este mundo más que por las cosas de Dios. Sus condiciones egocéntricas para las bendiciones de Dios le impidieron recibirlas. El que tiene hambre espiritual solo desea a Cristo y su reino (cf. Sal. 119:20; Is. 26:9), incluso si eso significa el no tener algunas de las riquezas materiales que las personas del mundo tienen.

Las actitudes que Jesús enseñó en Mateo 5:3-6 deben caracterizar a los creyentes a lo largo de toda la vida en la tierra. Si eres cristiano, no te conviertes en alguien más digno de la salvación o más merecedor de la bondad de Dios que cuando primero entraste en el reino. Todavía pecas, y todavía es la gracia de Dios lo que te sostiene. Por lo tanto, nunca hay un tiempo o un lugar para el ejercicio del orgullo egoísta en tu vida. Cualquier característica piadosa u obra noble que pudieran manifestarse en ti es obra del Señor, y no de tu propia ingeniosidad o bondad innata. Es por eso que Pedro nos exhorta en 1 Pedro 5:5-6: "Igualmente, jóvenes, estad sujetos a los ancianos; y todos, sumisos unos a otros, revestíos de humildad; porque: Dios resiste a los soberbios, y da gracia a los humildes. Humillaos, pues, bajo la poderosa mano de Dios, para que él os exalte cuando fuere tiempo".

> *El que tiene hambre espiritual solo desea a Cristo y su reino, incluso si eso significa el no tener algunas de las riquezas materiales que las personas del mundo tienen.*

El aguijón en la carne de Pablo

No cabe duda de que Dios quiere que los creyentes tengamos humildad. Pero debido a la pecaminosidad que persiste, a veces Dios hace lo que haga falta para hacernos humildes. Incluso el apóstol Pablo experimentó la obra humilladora de Dios en medio de su ministerio, no solo en su conversión cuando iba rumbo a Damasco:

> Ciertamente no me conviene gloriarme; pero vendré a las visiones y a las revelaciones del Señor. Conozco a un hombre en Cristo, que hace catorce años (si en el cuerpo, no lo sé; si fuera del cuerpo, no lo sé; Dios lo sabe) fue arrebatado hasta el tercer cielo. Y conozco al tal hombre (si en el cuerpo, o fuera del cuerpo, no lo sé; Dios lo sabe), que fue arrebatado al paraíso, donde oyó palabras inefables que no le es dado al hombre expresar. De tal hombre me gloriaré; pero de mí mismo en nada me gloriaré, sino en mis debilidades. Sin embargo, si quisiera gloriarme, no sería insensato, porque diría la verdad; pero lo dejo, para que nadie piense de mí más de lo que en mí ve, u oye de mí. Y para que la grandeza de las revelaciones no me exaltase desmedidamente, me fue dado un aguijón en mi carne, un mensajero de Satanás que me abofetee, para que no me enaltezca sobremanera; respecto a lo cual tres veces he rogado al Señor, que lo quite de mí. Y me ha dicho: Bástate mi gracia; porque mi poder se perfecciona en la debilidad. Por tanto, de buena gana me gloriaré más bien en mis debilidades, para que repose sobre mí el poder de Cristo (2 Co. 12:1-9).

A pesar de que habla más bien indirectamente en el versículo 2 con respecto a "un hombre en Cristo", el contexto hace obvio que Pablo se refiere a sí mismo. Menciona una experiencia sobrenatural extraordinaria que había tenido catorce años antes (probablemente en algún momento entre su regreso a Tarso desde Jerusalén [Hch. 9:30] y el comienzo de sus viajes misioneros [Hch. 13:1-3]); los detalles y la realidad de dicha experiencia, Pablo ni los comprendió ni los pudo explicar plenamente. No estaba seguro si fue transportado al cielo corporalmente, o si su espíritu de alguna manera fue temporalmente trasladado fuera de su cuerpo. Pero Dios sabe cómo ocurrió, y eso es lo que importa.

Cualesquiera que hayan sido los detalles, Pablo fue milagrosamente transportado al "tercer cielo" (el mismo lugar conocido como el "paraíso"), la habitación del Dios Todopoderoso y el lugar de su trono. A pesar del conocimiento incompleto e impreciso con respecto a cómo esas cosas ocurrieron, Pablo repitió, como para enfatizar, su afirmación que verdaderamente había sido llevado al cielo. Estaba seguro de que el suceso había tenido lugar, e incluso escuchó palabras de origen sobrenatural dichas solo a él. De modo que esa experiencia fue única para Pablo, sin importar lo que muchos carismáticos o místicos digan hoy día. Las palabras que escuchó eran también especiales, "palabras inefables que no le es dado al hombre expresar" (2 Co. 12:4), y más allá de lo que dice el texto, no podemos saber cuáles eran.

Sin embargo, las diferentes experiencias desconocidas del relato de Pablo carecen de importancia. Su verdadero propósito al escribir de su increíble experiencia es relatar lo que aprendió con respecto a la humildad. El apóstol sabía que no se le había otorgado un viaje especial al cielo porque era muy espiritual y merecía ese privilegio. Aunque una parte de él deseaba celebrar y regocijarse con la memoria de ese viaje, se inclinaba más a mirar atrás y regocijarse en su debilidad.

Ese incidente y otras muchas visiones y revelaciones (cf. Hch. 9:3-18; 16:9-10; 27:23-24; Gá. 1:12; 2:2; Ef. 3:3) fácilmente pudieron haber hecho que el apóstol se elevara con orgullo y con sentimiento de superioridad. Es por eso que 2 Corintios 12:7 dice:

"Y para que la grandeza de las revelaciones no me exaltase desmedidamente, me fue dado un aguijón en mi carne, un mensajero de Satanás que me abofetee, para que no me enaltezca sobremanera". Pablo habla metafóricamente de "un aguijón", pero el agente de su humildad es comparado mejor con una púa afilada que podía penetrar profundamente en su orgullosa carne. No era una cosa pequeña como la espina de un rosal, sino algo lo suficientemente importante, capaz de humillarlo de verdad. De hecho, era un mensajero de Satanás a quien Dios permitía que impidiera que Pablo se inflara de orgullo. Y está claro que esa persona obraba por mandato de Dios para afligir a Pablo, porque el apóstol pidió al Señor tres veces, sin éxito, que le quitara ese aguijón.

Creo que esa referencia particular a una persona poseída de demonio o satánicamente inspirada se refiere al cabecilla de los falsos maestros de Corinto que conspiraban contra Pablo y que estaban destruyendo a los creyentes de aquella ciudad. Sin duda, a Pablo no le gustaba ser acorralado por sus adversarios en Corinto y muy probablemente oró pidiendo que Dios los destruyera, así como David oró en los salmos imprecatorios con respecto a sus enemigos. Pero Dios quería usar al cabecilla de los oponentes de Pablo como un instrumento para humillarlo. El Señor estaba dispuesto, como lo está con frecuencia, a usar cualquier extremo necesario para humillar a uno de sus siervos, aunque eso signifique enviar un mensajero de Satanás para afligir a Pablo, permitir divisiones en la iglesia en Corinto para desafiarlo, o permitir que sus enemigos en Corinto directamente lo probaran hablando mal de su carácter. Es crucial para Dios que los creyentes entiendan y abracen la actitud de humildad.

En 2 Corintios 12:9 se explica, además, cuán importante es la humildad para los que conocemos a Cristo: "Y me ha dicho: Bástate mi gracia; porque mi poder se perfecciona en la debilidad. Por tanto, de buena gana me gloriaré más bien en mis debilidades, para que repose sobre mí el poder de Cristo". Dios enderezó a Pablo y le enseño que, cuando estaba al final de sí mismo y no tenía nada, entonces era más útil en el ministerio. El apóstol, por lo tanto, llegó a comprender que el poder espiritual está directamente relacionado con la humildad y con la bancarrota espiritual. Escudriñó su corazón, dejó que la obra humilladora de Dios continuara, y aprendió a abrazar la adversidad, las falsas acusaciones, las críticas maliciosas, los ataques a su carácter, y muchas tergiversaciones de sus motivos. Esas son las mismas cosas que con frecuencia tenemos que hacer si queremos exhibir una genuina actitud de humildad.

Las señales de la persona humilde

Algunas de las verdaderas señales del cristiano humilde son resumidas en la exhortación de Pablo a los filipenses: "Nada hagáis por contienda o por vanagloria; antes bien con humildad, estimando cada uno a los demás como superiores a él mismo; no mirando cada uno por lo suyo propio, sino cada cual también por lo de los otros" (Fil. 2:3-4).

El poder espiritual está directamente relacionado con la humildad y con la bancarrota espiritual.

La primera señal básica de la persona humilde es que ve su propio pecado como peor que el de otros. Pablo mismo fue un ejemplo perfecto de esta actitud. "Palabra fiel y digna de ser recibida por todos: que Cristo Jesús vino al mundo para salvar a los pecadores, de los cuales yo soy el primero" (1 Ti. 1:15). Cuando son *nuestros* pecados los que más nos entristecen y ofenden, y son los que más deseamos evitar, entonces demostramos una verdadera medida de humildad.

Otra señal de la persona humilde es que no es egocéntrica (Fil. 2:4). Las personas desinteresadas están más preocupadas con la vida de otros, incluyendo sus actividades, sus éxitos y sus fracasos, sus bendiciones y sus desilusiones, y su prosperidad o pobreza. Sus propios intereses, privilegios, popularidad, logros o reputación son secundarios cuando se comparan con las necesidades de otros.

Por supuesto, el Señor tuvo la actitud suprema de desinterés personal, tal como lo expresa Filipenses 2:5-8:

> Haya, pues, en vosotros este sentir que hubo también en Cristo Jesús, el cual, siendo en forma de Dios, no estimó el ser igual a Dios como cosa a que aferrarse, sino que se despojó a sí mismo, tomando forma de siervo, hecho semejante a los hombres; y estando en la condición de hombre, se humilló a sí mismo, haciéndose obediente hasta la muerte, y muerte de cruz.

Cristo estuvo perfectamente dispuesto a poner a un lado sus privilegios divinos y ser separado del Padre para sufrir una agonía inexplicable e incomprensible a fin de que pudiéramos ser salvos. Ese maravilloso y conocido pasaje destaca la magnitud de la humildad de nuestro Señor y Salvador en nuestro favor. Condescendió a nuestro nivel humano, incluso hasta realizar el papel de un esclavo, para que en su muerte sustitutiva pudiera cumplir el plan de Dios para redimir a todos los que tienen fe y son obedientes a Él.

La actitud de humildad realiza un círculo completo, es decir, regresa a Jesucristo y lo que hizo por los que estaban en bancarrota espiritual, por pecadores completamente indignos. Eso nos lleva de nuevo a lo que nuestra actitud debe ser si hemos de cosechar los beneficios de su obra expiatoria y entrar en su reino. Esa fue la actitud que Jesús exhortó a sus discípulos que tuvieran:

> En aquel tiempo los discípulos vinieron a Jesús, diciendo: ¿Quién es el mayor en el reino de los cielos? Y llamando Jesús a un niño, lo puso en medio de ellos, y dijo: De cierto os digo, que si no os volvéis y os hacéis como niños, no entraréis en el reino de los cielos. Así que, cualquiera que

se humille como este niño, ese es el mayor en el reino de
los cielos (Mt. 18:1-4).

Justo en medio del debate orgulloso realizado por los mismos discípulos con respecto a quién de ellos sería el mayor en el
reino, Jesús usó a un niño para ilustrar la humildad. Un niño es
totalmente dependiente, y esa es la actitud que debemos tener si
procuramos entrar en el reino de Dios. Tenemos que entrar con la
fe y la obediencia semejante a la de un niño, y debemos vivir cada
día la vida cristiana con una actitud de humildad semejante a la de
un niño. Como escribió Augustus Toplady en la segunda estrofa
de su gran himno "Roca de la eternidad":

> Aunque sea siempre fiel,
> aunque llore sin cesar,
> del pecado no podré
> justificación lograr;
> solo en ti, teniendo fe
> deuda tal podré pagar.

GUÍA DE ESTUDIO

Capítulo 3

Bienaventurados los humildes

Resumen del capítulo

La verdadera humildad, como fue enseñada y ejemplificada por Jesús y por Pablo, es la pieza central de la vida cristiana y, cuando se practica, resultará en una bendición genuina.

Para comenzar (escoge una)

1. Los escribas y fariseos de los días de Jesús no se distinguían por su humildad. ¿Qué grupo o categoría de personas en la sociedad de hoy te recuerda más a ellos? ¿Por qué?
2. ¿Cuándo es más difícil para ti mostrar humildad? Relata una historia de tu propia experiencia para ilustrar tu respuesta.

Contesta estas preguntas

1. ¿A qué se refiere el vocablo griego traducido "pobre" en Mateo 5:3?
2. ¿En qué clase de cosas confían las personas para tener entrada en el reino de Dios? Menciona por lo menos cinco.
3. ¿Qué da lugar generalmente a la incorrecta clase de tristeza?
4. ¿Cuántos vocablos griegos diferentes se usan en el Nuevo Testamento para traducir "tristeza"? ¿Qué es diferente en el que se usa en Mateo 5:4?
5. ¿Qué implica hoy día, por lo general, el vocablo *manso*? ¿De qué manera es esa una mala interpretación de su uso bíblico?
6. ¿Cómo demostró Jesús la verdadera mansedumbre? Da algunos ejemplos de su ministerio.

7. ¿Cuál es el resultado prometido de la mansedumbre? ¿Cuáles son las ramificaciones de ese resultado?

8. ¿Cuánta importancia le concede el comentarista Martyn Lloyd-Jones a Mateo 5:6 (véase la cita en la página 43)?

9. ¿Cuál debe ser la naturaleza del hambre y la sed de justicia del creyente? ¿Por qué (cf. Fil. 1:9-10)?

10. Según Mateo 5:6, ¿cuán amplio debe ser nuestro deseo de la justicia? ¿Qué hay en el texto griego que hace que esa justicia sea especial?

11. ¿Cuál era el propósito de Pablo en compartir su experiencia con respecto a ser transportado al cielo (2 Co. 12:1-4)?

12. ¿Qué era el aguijón en la carne de Pablo?

13. ¿Cuáles son dos características básicas de una persona mansa (cf. Fil. 2:3-4)?

Céntrate en la oración

• Pide la ayuda del Señor mientras trabajas en un área de tu vida en la que necesitas mostrar más mansedumbre.

• Ora para que hoy Dios te dé una mayor hambre y sed por su Palabra y por la justicia.

Aplicación de la verdad

Lee los capítulos 4, 5, 6, 7 u 8 en *El Sermón del Monte,* de D. Martyn Lloyd-Jones (Edimburgo: Estandarte de la Verdad, 2008). Toma notas del capítulo que has leído y busca todas las referencias bíblicas. Escoge una o dos nuevas verdades para meditarlas y aplicarlas.

4

La naturaleza desinteresada del amor

J. C. Ryle, el obispo evangélico anglicano del siglo xix, escribió lo siguiente acerca del amor en el año 1878:

La caridad [amor] es correctamente llamada "la reina de las gracias cristianas". "El propósito de este mandamiento", dice Pablo, "es el amor" (1 Ti. 1:5). Es una gracia que todos profesan admirar. Parece ser una cosa práctica y normal que todo el mundo puede entender. No es ninguno de "esos puntos doctrinales conflictivos acerca de los que los cristianos están en desacuerdo. Sospecho que hay miles que no se avergonzarían de decirte que no saben nada de la justificación o de la regeneración, acerca de la obra de Cristo o del Espíritu Santo. Pero nadie, creo, diría que no sabe nada acerca del "amor". Si los hombres no poseen nada más en la religión, siempre se alaban de que poseen "amor" (*Practical Religion* [1878; Grand Rapids, MI: Baker Books, 1977], 165).

Desgraciadamente, no ha habido mucho cambio en más de cien años. El concepto de amor todavía es mal entendido, distorsionado y erróneamente definido por la persona promedio, gracias principalmente a los medios de comunicación y a una cultura popular dominada por el entretenimiento. El amor es definido en términos subjetivos y sensuales en un sinnúmero de canciones populares de las varias generaciones pasadas. Es vulgarizado constantemente en la avalancha de comerciales y de anuncios que nos confrontan mediante la televisión, la radio, los periódicos, las revistas y ahora por Internet. Y muchos cristianos están confundidos por el énfasis contemporáneo con respecto a "amor y tolerancia" que promueve un desdibujado distintivo doctrinal ecuménico (por ejemplo, entre evangélicos y católicos), todo en el nombre de "ministerio cooperativo" para promover ciertas agendas sociales, familiares y morales que supuestamente mejorarán la cultura.

El amor definido bíblicamente

Como ocurre con cualquier perspectiva errónea, pecaminosa o desordenada acerca de un tema espiritual, la Biblia es la mejor fuente para aclarar nuestro pensamiento respecto al amor. La Palabra de Dios contiene numerosas referencias al amor, pero Efesios 5:1-2 nos proporciona una excelente avenida para adentrarnos en el tema y una estupenda definición: "Sed, pues, imitadores de Dios como hijos amados. Y andad en amor, como también Cristo nos amó, y se entregó a sí mismo por nosotros, ofrenda y sacrificio a Dios en olor fragante".

Si quieres imitar a Dios y ser conocido como su hijo, anda en amor porque Dios mismo es amor (1 Jn. 4:8; cf. Jn. 3:16). El vocablo griego traducido "imitadores" (*mimeitai*) es la raíz de nuestro término castellano *mimo,* alguien que copia las características específicas de otro individuo. Como creyentes, debemos imitar las características de Dios, lo que ciertamente incluye su amor. Su propósito en la salvación ha sido redimirnos del pecado y conformarnos "a la imagen de su Hijo" (Ro. 8:29). Pedro nos manda: "como hijos obedientes, no os conforméis a los deseos que antes teníais estando en vuestra ignorancia; sino, como aquel que os llamó es santo, sed también vosotros santos en toda vuestra manera de vivir; porque escrito está: Sed santos, porque yo soy santo" (1 P. 1:14-16, cf. Lv. 11:44).

Solo podemos imitar a Dios en la medida en que permitamos a Cristo vivir su vida perfecta a través de nosotros y dependamos completamente de su Espíritu que habita en nosotros (Ro. 5:5; Ef. 3:16, 19). Entonces seremos capaces de que "todas [nuestras] cosas sean hechas con amor" (1 Co. 16:14).

Tal como los niños instintivamente imitan las acciones y comportamientos de sus padres, los niños espirituales deben querer imitar a Dios porque Él les ha dado el derecho de ser sus hijos (Jn. 1:12; Gá. 3:26). Para todos nosotros que somos creyentes, ese era su plan desde la eternidad pasada. Dios "en amor habiéndonos predestinado para ser adoptados hijos suyos por medio de Jesucristo, según el puro afecto de su voluntad" (Ef. 1:5). Así que, como hijos de Dios es propio que nosotros seamos como Él es en todos los aspectos, es decir, santo, bondadoso, perdonador, humilde y amoroso.

La más elevada característica divina que podemos imitar es el amor por medio del sacrificio. Como dice Efesios 5:2, Jesús "se entregó a sí mismo por nosotros". Ese fue el cenit del amor *ágape*, no simplemente buenos sentimientos con respecto a otra persona, sino el darse uno mismo de manera incondicional por el bienestar del otro (ver 1 Jn. 3:16). Cristo no se sacrificó por nosotros porque éramos merecedores de ello (Ro. 5:8, 10), sino por su amor soberano y compasivo, pagando la enorme deuda del pecado por todos los que creen.

Solo podemos imitar a Dios en la medida en que permitamos a Cristo vivir su vida perfecta a través de nosotros y dependamos completamente de su Espíritu que habita en nosotros.

La diferencia es evidente entre el amor incondicional de Dios y el amor condicional del ser humano. El amor condicional se manifiesta cuando las personas niegan su amor a cualquier persona que no llena sus expectativas. Eso ocurre con frecuencia entre esposo y esposa. Esa clase de amor tiene altibajos y algunas veces desaparece del matrimonio y puede resultar en separación o divorcio. Pero la pérdida del amor romántico no es una razón bíblica para disolver un matrimonio, porque Dios manda a los esposos a amar a sus esposas incondicionalmente, tal como Él nos ama (Ef. 5:25; Tit. 2:4). El amor romántico ciertamente mejora la relación matrimonial, pero el amor que, en última instancia, mantiene unido a un matrimonio cristiano es la clase de amor que es de Dios, ese amor que continúa dando aun cuando no recibe nada.

Efesios 5:2 es la definición más clara y precisa de la actitud del amor que podemos encontrar en la Palabra de Dios. El amor no es primordialmente una emoción que nos hace sentir cálidos y sentimentales. Es, en cambio, un acto de sacrificio personal. Nos damos cuenta de ello cuando vemos que Dios nos ama, como lo demuestra el sacrificio que hizo su Hijo por nosotros. Una actitud de amor genuino dará magnánimamente una y otra vez e irá la distancia imaginable más lejana, todo ello sin preocuparse de sí mismo.

La perversión del amor en el mundo

Como dije al principio de este capítulo, el mundo mayoritariamente no sabe nada con respecto a la definición bíblica del amor. El apóstol Pablo destaca ese hecho mediante el contraste de la necesidad del creyente de copiar el amor de Dios (Ef. 5:1-2) y evitar las expresiones perversas de amor aportadas por el mundo: "Pero fornicación y toda inmundicia, o avaricia, ni aun se nombre entre vosotros, como conviene a santos" (Ef. 5:3).

Satanás siempre falsifica las cosas buenas que Dios establece. En contraste con el amor incondicional y desinteresado de Dios, Satanás promueve un amor lascivo y desenfrenado. Los objetos del amor mundano solo son aquellos que de alguna manera son atractivos, agradables, satisfactorios y recíprocos. Semejante amor puede ser recíproco, pero da poco y espera obtener mucho en recompensa. Nuestro Señor no tuvo ninguna alabanza que pronunciar para esa clase de amor distorsionado: "Porque si amáis a los que os aman, ¿qué recompensa tendréis? ¿No hacen también lo mismo los publicanos?" (Mt. 5:46).

No es de sorprenderse que la clase de amor de Satanás inevitablemente conduzca a la inmoralidad y a la impureza. Hoy si alguien es soltero y "se enamora", con frecuencia lo lleva a la fornicación.

Si alguien está casado y "se enamora" de otra persona diferente de su cónyuge, eso frecuentemente conduce a una relación adúltera. Si alguien "se enamora" de otra persona del mismo sexo, esa persona asume que es correcto mantener una relación homosexual.

El vocablo griego en Efesios 5:3 que abarca las diferentes formas de pecado sexual ("inmoralidad") es *porneía,* de donde obtenemos el término castellano *pornografía.* Es lo opuesto al vocablo griego *enkráteia,* que normalmente se refiere a la moderación sexual. Esa es la palabra que Lucas usa en Hechos 24:25 para describir la confrontación que Pablo hizo al gobernador Félix: "al disertar Pablo acerca de la justicia, del *dominio propio* y del juicio venidero…". En esencia, el apóstol le dijo a Félix, el cual le había quitado la esposa Drusila a su anterior marido y por lo tanto vivía en adulterio, que estaba pecando al rehusar controlar sus deseos sexuales y, por consiguiente, estaba bajo el juicio de Dios.

La pérdida de la moderación sexual también conduce a la "impureza (*akatharsía),* un término más amplio que *porneía.* Jesús

> *El amor no es primordialmente una emoción que nos hace sentir cálidos y sentimentales. Es, en cambio, un acto de sacrificio personal.*

usó el vocablo *akatharsía* para describir la putrefacción en las tumbas (Mt. 23:27), pero los otros usos en el Nuevo Testamento se refieren a pasiones pecaminosas, ideas impuras, fantasías y todas otras formas de pecado sexual.

La inmoralidad y la impureza son expresiones de "ambición" sexual egoísta, y la ambición es en general contraria a la naturaleza desprendida del amor. Esa clase de ambición se disfraza a sí misma como algo atractivo y remunerador, pero en realidad es dañina y odiosa porque no procura desinteresadamente la pureza de los demás, como lo hace el amor. Debido a que la ambición sexual puede parecer tan buena y puede tener un atractivo tan poderoso, cónyuges se abandonan entre sí, las familias se abandonan o destruyen unos a otros, y los amigos se odian el uno al otro.

Una ambición sexual desmedida con frecuencia no se detendrá hasta que haya conseguido cumplir sus deseos malignos. Debido a que esos poderosos impulsos existen dentro de las personas, el pecado sexual está totalmente fuera de control, acompañado de una completa insensibilidad hacia los sentimientos y el bienestar de otros, de una terrible violencia y salvajismo e, incluso, de asesinato. Tristemente, un fenómeno de la pasada generación que ha producido consecuencias terribles es el aborto legalizado.

Defensores y practicantes del aborto, y tantas mujeres que han pasado por este proceso, todos ellos son ejemplos de cuán sumida en el egoísmo se encuentra la cultura occidental y cuán lejos ha llegado en la aplicación de las definiciones sexuales pecaminosas a las relaciones personales. La batalla del aborto no es sobre el simple derecho de matar a los no nacidos, solo los más descarados sádicos abogarían por tal cosa. La razón subyacente de por qué las personas quieren tener la opción del aborto es para mantener su "libertad sexual" y su conveniencia personal. Sus demandas de tales "derechos" son tan abrumadoras que sus soluciones para las indeseables consecuencias de las relaciones sexuales no es poner fin a la promiscuidad, sino matar al niño no nacido que resulta de esa relación. Las personas están tan obsesionadas con el poder tener relaciones sexuales sin sus implicaciones ni sus responsabilidades que están dispuestas a racionalizar el asesinato de los más indefensos e inocentes miembros de la sociedad. Como lo ha expresado de manera tajante un escritor contemporáneo: "El aborto es la disposición de matar por causa de la disposición de copular".

La corrupción de la cultura por el amor falso

La cultura occidental tiene tal obsesión y preocupación por el placer sexual que ha corrompido la esencia de esta cultura. Esa corrupción es un producto principal de la inmensa guerra cultural que está causando estragos hoy día. Los creyentes no siempre se percatan del alcance, la naturaleza o la intensidad del conflicto, pero este se extiende a muchos siglos atrás a lo que Agustín llamó la batalla entre la ciudad de Dios y la ciudad del hombre. Agustín vio una lucha continua entre el cristianismo bíblico y el sistema mundial satánico. Dentro del ámbito moral de nuestra cultura, el conflicto es casi exclusivamente tocante al sexo, es decir, promiscuidad heterosexual y homosexual, divorcio, aborto y feminismo. Todos ellos realizan un categórico asalto contra el amor genuino.

En contraste con el amor incondicional y desinteresado de Dios, Satanás promueve un amor lascivo y desenfrenado.

En la guerra cultural que se libra contra el reino de Dios, Satanás parece estar usando un plan de seis pasos para reunir las fuerzas de su reino mundanal. Podemos ver su plan desarrollarse más o menos en esta dirección:

(1) La meta final de Satanás es ganar almas para su causa.

(2) Una manera poderosa y eficaz que tiene Satanás para ganar adeptos a su sistema es corromper la sociedad. Simplemente esta-

blece su propio sistema extraído de la máxima que una buena sociedad es aquella que facilita que las personas sean buenas y una mala sociedad es aquella que facilita que las personas sean malas.

Satanás influye en la sociedad para el mal aprovechándose de las tendencias de las personas a conformarse con las opiniones, las ideologías y las tendencias establecidas por los noticieros, los anuncios y los medios de entretenimiento. Él lleva a cabo su obra mediante la manipulación de esas fuerzas de la comunicación culturalmente influyentes.

Diariamente vemos ejemplos de cómo Satanás controla los medios de comunicación (la excesiva calidad mundana de la programación de las cadenas de televisión, la desproporcionada cantidad de prejuicio secular en los noticieros, las películas de sexo y violencia, una saturación de comerciales materialistas y hedonistas; y mucho más). El éxito de Satanás puede medirse por lo fácil que es ser malo en una sociedad que va de mal en peor.

(3) Otro medio poderoso que Satanás usa para corromper la sociedad es su destrucción de la familia que es uno de los pilares fundamentales donde el amor de sacrificio puede aprenderse diariamente.

(4) Puede arruinar la familia mediante la destrucción del matrimonio.

(5) Puede destruir el matrimonio mediante el debilitamiento de la fidelidad sexual, el pegamento que une esa relación.

(6) Finalmente, Satanás destruye la fidelidad sexual mediante la revolución sexual. Esa revolución arrancó en los años sesenta y exige que las personas sean libres para hacer lo que les plazca sexualmente. Como hemos visto, es el punto central de la trágica redefinición y distorsión del ideal bíblico del amor. Es, además, la herramienta más estratégica de Satanás para emprender la guerra cultural contra la ciudad de Dios y contra todos los que confían en Él.

La revolución sexual quizá demostrará ser la revolución más destructiva de la historia, mucho peor que cualquier revolución política o militar que hayamos conocido. Mientras la cultura occidental se inquietaba por la Guerra Fría y se preocupaba por la Unión Soviética y sus naciones satélites detrás de la Cortina de Hierro, la carrera de las armas nucleares, la carrera espacial, la amenaza del espionaje extranjero y muchas otras amenazas externas, la revolución sexual poco a poco estaba erosionando y destruyendo el fundamento mismo de la sociedad. Es la fuerza cultural predominante que nos ha llevado al estado presente de corrupción y relativismo moral.

La sociedad moderna es el retrato de una cultura que ha redefinido completamente el significado del amor, se ha alejado de la abnegación personal y de la preocupación incondicional por el bienestar de otros y se ha acercado a la avaricia y a la preocupación pecaminosa por la libertad y la "satisfacción" sexual. Nada podría estar más lejos de una comprensión bíblica adecuada del amor. Sin embargo, la nueva definición pone al descubierto lo que Efesios 5:3-7 nos advierte. Pero queda la pregunta: ¿Cómo podrá la sociedad egoísta de hoy, saturada de sexo, ver un despliegue de amor genuino? La respuesta está profundamente ilustrada por nuestro Señor en Juan 13.

El ejemplo del amor práctico de Cristo

Juan 13 nos proporciona una penetrante perspectiva de la actitud del amor divinamente inspirado, algo que se necesita desesperadamente:

> Antes de la fiesta de la pascua, sabiendo Jesús que su hora había llegado para que pasase de este mundo al Padre, como había amado a los suyos que estaban en el mundo, los amó hasta el fin. Y cuando cenaban, como el diablo ya había puesto en el corazón de Judas Iscariote, hijo de Simón, que le entregase, sabiendo Jesús que el Padre le había dado todas las cosas en las manos, y que había salido

de Dios, y a Dios iba, se levantó de la cena, y se quitó su manto, y tomando una toalla, se la ciñó. Luego puso agua en un lebrillo, y comenzó a lavar los pies de los discípulos, y a enjugarlos con la toalla con que estaba ceñido. Entonces vino a Simón Pedro; y Pedro le dijo: Señor, ¿tú me lavas los pies? Respondió Jesús y le dijo: Lo que yo hago, tú no lo comprendes ahora; mas lo entenderás después. Pedro le dijo: No me lavarás los pies jamás. Jesús le respondió: Si no te lavare, no tendrás parte conmigo. Le dijo Simón Pedro: Señor, no solo mis pies, sino también las manos y la cabeza. Jesús le dijo: El que está lavado, no necesita sino lavarse los pies, pues está todo limpio; y vosotros limpios estáis, aunque no todos. Porque sabía quién le iba a entregar; por eso dijo: No estáis limpios todos.

Así que, después que les hubo lavado los pies, tomó su manto, volvió a la mesa, y les dijo: ¿Sabéis lo que os he hecho? Vosotros me llamáis Maestro, y Señor; y decís bien, porque lo soy. Pues si yo, el Señor y el Maestro, he lavado vuestros pies, vosotros también debéis lavaros los pies los unos a los otros. Porque ejemplo os he dado, para que como yo os he hecho, vosotros también hagáis. De cierto, de cierto os digo: El siervo no es mayor que su señor, ni el enviado es mayor que el que le envió. Si sabéis estas cosas, bienaventurados seréis si las hiciereis (Jn. 13:1-17).

Ese episodio ocurrió, por supuesto, en el aposento alto, durante la fatídica noche antes de la crucifixión de Jesús y cuando Judas Iscariote traicioneramente lo entregó a los dirigentes religiosos judíos y a las autoridades romanas. Mientras tanto, los otros discípulos estaban metidos en un debate egoísta con respecto a cuál de ellos sería el mayor en el reino de Dios. Ninguno de ellos parecía tener la más mínima sensibilidad ni la consideración hacia lo que el Señor estaba a punto de sufrir, aun cuando poco antes Él les había dicho que pronto iba a morir y que no estaría con ellos mucho más tiempo. Todos esos factores negativos habrían hecho a los discípulos más difíciles de amar según los criterios humanos normales, pero el versículo 1 dice que el Hijo de Dios amó "a los suyos que estaban en el mundo [y] los amó hasta el fin". El amor de Cristo hacia los suyos era (y es) incondicional. Él amó a los discípulos hasta lo sumo, incluso cuando exhibieron la más terrible indiferencia hacia Él.

El versículo 3 comienza a desplegar la verdadera demostración del amor de Jesús. Él sabía que Dios el Padre soberanamente había entregado todas las cosas en sus manos, que había sido enviado a la tierra por el Padre, y que regresaría a Dios en el tiempo determinado. No hay duda de que Jesús agonizó (en el Huerto de Getsemaní) con respecto a la cercana realidad de su muerte expiatoria en la cruz, pero Él no tenía temor alguno con respecto a los resultados de los acontecimientos (cf. Jn. 17).

Con la perfecta seguridad de que todos los sucesos que le rodeaban estaban bajo el control de Dios, Jesús dirigió su atención amorosa hacia los discípulos (Jn. 13:4). Se despojó de su manto y se quedó solo con su ropa interior, probablemente dejó sus piernas y su torso al descubierto. Entonces tomó una toalla y se dio a la tarea de lavar los pies de los discípulos.

En el Antiguo Oriente Medio era apropiado, tanto por costumbre como por necesidad, lavar los pies antes de comer. En aquellos tiempos, las personas usaban sandalias con los pies descubiertos al andar sobre los polvorientos caminos y los senderos sin pavimento. Era apropiado que el anfitrión de un banquete o uno de sus siervos lavaran los pies sucios de los invitados. Puesto que se acostumbraba a tener cenas prolongadas con los asistentes reclinados junto a los pies de los otros, tener los pies limpios mejoraba grandemente la comodidad total de los invitados.

La tarea de lavar los pies normalmente correspondía a los esclavos que pertenecían al nivel más bajo en la escala social. De modo que no era un trabajo agradable. Por lo visto, la habitación en Jerusalén que Jesús y sus discípulos habían conseguido para celebrar la Pascua no tenía un esclavo disponible, y ninguno de los discípulos se ofreció como voluntario para lavar los pies de los otros. Al parecer, ninguno quería humillarse a sí mismo de tal manera que quedara descalificado para ocupar la posición más alta en el reino, puesto que el debate tocante al reino aún estaba fresco en la mente de cada uno de ellos.

Cristo, por lo tanto, humildemente tomó la iniciativa y comenzó a hacer lo que ninguno de los que estaban en la habitación estaba dispuesto a hacer. Cuando fue a Pedro con la toalla y el lebrillo con agua, debió haber habido un silencio mientras los hombres contemplaban al Rey de gloria realizar una de las tareas más serviles y desagradables. Pero Pedro, en su frecuente papel de portavoz del grupo, pronto rompió el silencio.

Simón Pedro le pregunto a Jesús: "Señor, ¿tú me lavas los pies?" (Jn. 13:6), como si le dijera: "Señor, no debes hacer semejante cosa". La respuesta de Jesús, "Lo que yo hago, tú no lo comprendes ahora; mas lo entenderás después" (Jn. 13:7), indicaba que Pedro y los otros todavía no entendían la magnitud de la condescendencia del Señor en beneficio de ellos (cf. Fil. 2:5-8).

No obstante, Pedro, en su típicamente osada manera de actuar, persistía en decirle al Señor que no era nada correcto que Él le lavara los pies. Eso motivó al Señor a poner las cosas en su sitio respecto al significado espiritual de lo que iba a hacer: "Si no te lavare, no tendrás parte conmigo" (Jn. 13:8). Lo que Cristo quiso decir es fundamental: Pedro y cualquier otro que quiera tener una relación salvadora con Dios necesita tener un corazón lavado y limpiado por Cristo.

De alguna manera, lo que Pedro y sus condiscípulos habían aprendido antes a través de Jesús simplemente no encajaba en la mente de cada uno de ellos. Sabían que Él era el "Cristo, el Hijo del Dios viviente" (Mt. 16:16) quien había venido "a buscar y a salvar lo que se había perdido" (Lc. 19:10). Habían presenciado su poder en varios milagros y lo habían oído enseñar que tenía que morir (Jn. 12:24-25, 32-33). Pero todavía tenían dificultad para aceptar todas las verdades, especialmente lo de la ejecución del Señor en la cruz y comprender todas las implicaciones.

Pedro perseveró en la búsqueda de entender lo que Jesús estaba diciendo. Dio un cambio radical e insistió en que Cristo lavara "no solo mis pies, sino también las manos y la cabeza" (Jn. 13:9). Definitivamente quería una relación con Cristo, pero aún no tenía claro exactamente lo que necesitaba del Señor en aquel momento. Jesús, por lo tanto, iluminó más ampliamente la importancia espiritual de su acción: "Jesús le dijo: El que está lavado, no necesita sino lavarse los pies, pues está todo limpio; y vosotros limpios estáis, aunque no todos" (Jn. 13:10).

Seguir el modelo del amor genuino de Jesús requiere un verdadero desinterés que va contra la corriente de todo lo que la cultura moderna considera importante.

En esencia, Jesús estaba diciendo que hubo un tiempo cuando todos los que somos creyentes experimentamos el lavamiento de la regeneración. Eso fue cuando fuimos lavados espiritualmente de pies a cabeza y nuestros pecados fueron completamente limpiados. Pero mientras caminamos por el mundo y nos contaminamos con el polvo y la suciedad de una sociedad pecaminosa, necesitamos la confesión diaria, el arrepentimiento y la limpieza que mantiene nuestros pies limpios y nos permite tener comunión con Cristo y fielmente realizar su voluntad.

Las palabras de Jesús también aseguraron a Pedro que verdaderamente había sido salvo y limpiado de sus pecados. No necesitaba otro baño, sino solo la constante limpieza espiritual del lavamiento de los pies que mantendría su andar con el Señor.

Entonces, Jesús terminó la tarea de lavar los pies de los otros discípulos y, en ese momento, resumió el significado total de sus acciones (Jn. 13:12-16). Esa fue una profunda lección objetiva con respecto a cómo funciona el amor. Los había amado hasta el fin, hasta lo sumo, que significa que humildemente puso de manifiesto el sacrificio desinteresado y satisfizo sus necesidades al nivel más bajo y básico. Ese desinterés muy pronto iría más allá de lavar los pies a su acto supremo de amor, es decir, su muerte en la cruz, cuando Él llevaría sus pecados y los nuestros, incluyendo todos aquellos pecados de indiferencia y orgullo que con frecuencia nos hace tan difíciles de amar. Obviamente, la actitud de amor de Jesús, tan claramente demostrada en sus acciones, puede vencer incluso la mayor resistencia que los pecadores pueden acumular en su contra.

La aplicación del amor genuino

Aunque Jesús define el lavar los pies como un ejemplo de amor que los discípulos deben seguir (Jn. 13:15), quizás explica con mayor claridad la aplicación del amor en Juan 13:34-35: "Un mandamiento nuevo os doy: Que os améis unos a otros; como yo os he amado, que también os améis unos a otros. En esto conocerán todos que sois mis discípulos, si tuviereis amor los unos con los otros".

Sencillamente, debemos seguir el modelo de Jesús y amar a otros, demostrándolo al suplir con sacrificio sus necesidades. Y debemos hacer eso aparte de simples impulsos emocionales y sentimientos altruistas, sin tomar en cuenta el atractivo humano que el recipiente de nuestro amor pudiera poseer (o la falta de este).

Sobre todo, seguir el modelo del amor genuino de Jesús requiere un verdadero desinterés que va contra la corriente de todo lo que la cultura moderna considera importante. Como podrás discernir de nuestra previa consideración de la presente guerra cultural, la cultura occidental está absorta en sí misma, probablemente más que en cualquier otro período de la historia. Las personas están totalmente centradas en sus propias necesidades y deseos, siempre hablando acerca del amor, pero sin entender nada de su verdadero significado. Definen el amor principalmente en términos sexuales y lo contemplan como algo que deben recibir constantemente, pero casi nunca dar. De modo que el desafío para los creyentes es: ¿Cómo puede brillar el verdadero amor en medio de una cultura tan llena de tinieblas?

Nuestro Señor contesta esa pregunta en Juan 13:35: "En esto conocerán todos que sois mis discípulos, si tuviereis amor los unos con los otros". Si el Cuerpo de Cristo ha de conformarse a la imagen de Cristo, y así es (cf. Ef. 3:16-21), entonces sus miembros deben demostrar el amor que Él les ha manifestado y sacrificarse a sí mismos unos por otros. Eso podría significar todo, desde lavar los pies, manifestado en actos prácticos de servicio, hasta dar nuestra vida. Dar la vida no significa necesariamente tener que morir por alguien. Pero podría implicar dedicar el resto de una vida cuidando del cónyuge discapacitado o de otro familiar cercano.

Una de las cartas más memorables y alentadoras que he recibido como pastor vino de una joven que estudiaba en la Universidad del Sur de California y enseñaba una clase de escuela dominical en Grace Community Church. He aquí cómo describió el cambio profundo de su corazón hacia las jovencitas que enseñaba:

Tenía una clase de niñas del departamento de primarios. Insistía en decirme que las amaba; amaba el rizo de sus cabellos y sus sonrisas, y amaba sus lindos vestidos. Simplemente, amaba el hecho de que eran niñas pequeñas muy dulces. Entonces, un día llegué a comprender que estaba invirtiendo como diez minutos en preparar la lección y comprendí que, en verdad, no las amaba porque no hacía ningún sacrificio para llevarles el más grande regalo que podía entregarles, que era la verdad de la Palabra de

Dios. Me puse de rodillas delante de Dios y le confesé mi actitud poco afectuosa. Tenía sentimientos emocionales hacia aquellas jovencitas, pero no las amaba. Amor significa prepararme diligentemente para darles lo mejor, incluso si eso significaba no asistir a un partido de fútbol, o a cualquier otra actividad universitaria.

Esa es una ilustración excelente de cómo una estudiante universitaria, con la ayuda de Dios, llegó a comprender el significado bíblico del amor y eso ejemplifica el tipo de enfoque que todos los cristianos deben tomar si quieren que la vida de cada uno de ellos manifieste una actitud de amor sincera y piadosa.

GUÍA DE ESTUDIO

Capítulo 4

La naturaleza desinteresada del amor

Resumen del capítulo

La única manera en que una cultura egoísta y orientada al sexo verá un amor bíblico genuino es si los creyentes obedecemos la enseñanza de Cristo e imitamos su ejemplo de amor demostrado mediante su sacrificio tal como aparece en Juan 13.

Para comenzar (escoge una)

1. ¿Puedes pensar en la primera vez que te "enamoraste"? ¿Estabas verdaderamente enamorado o era un capricho? ¿Cómo se diferencia un capricho del amor verdadero?
2. ¿Dónde te desafía más directamente la guerra cultural? ¿Qué medios prácticos has encontrado para combatir las influencias de la cultura mundana? Comenta uno de ellos con tu grupo.

Contesta estas preguntas

1. ¿Qué palabra castellana viene del vocablo griego traducido "imitadores" (Ef. 5:1)?
2. ¿Cuál debería ser una inclinación instintiva si somos verdaderos hijos de Dios?
3. Da una breve definición del amor *ágape*.
4. ¿Qué caracteriza el amor humano condicional? ¿Cómo se diferencia del amor de Dios?
5. ¿Cómo falsifica Satanás el amor bíblico?
6. ¿La inmoralidad y la impureza son expresiones de qué rasgo pecaminoso? ¿Cuáles son algunas características adicionales de este?

7. ¿Cuál es la verdadera razón de que las personas quieran tener la disponibilidad del aborto?

8. ¿Cuáles son los seis puntos del bosquejo de Satanás para librar una guerra cultural contra el reino de Dios?

9. ¿Cuál es la principal herramienta del Satanás para facilitar que las personas en la sociedad sean malas?

10. ¿Cuál es una de las principales distracciones que ha desviado la atención de la sociedad occidental de los efectos pecaminosos de la revolución sexual?

11. ¿Qué factores negativos hicieron que los discípulos fueran difíciles de amar según los criterios humanos en el comienzo de los acontecimientos de Juan 13?

12. ¿Por qué era una necesidad el lavamiento de los pies en el antiguo Medio Oriente, y quién realizaba esa tarea generalmente?

13. ¿Qué significa la declaración de Jesús en Juan 13:8?

14. ¿De qué manera Juan 13:10 arroja más luz sobre la importancia del acto de Jesús de lavar los pies de los discípulos? ¿Cómo se aplica ese versículo a nosotros?

15. Contesta con una sola frase: ¿Cómo podemos aplicar la enseñanza de Jesús en Juan 13:34-35?

Céntrate en la oración

- Da gracias a Dios esta semana por su acto supremo de amor abnegado al mandar a Cristo a morir por ti.

- Ora para que las personas sean salvas de nuestra cultura pecaminosa a causa de la amorosa influencia de los creyentes.

Aplicación de la verdad

Ora por la salvación de un amigo, vecino, compañero de trabajo o familiar inconverso. Acércate a la persona con algún acto práctico de amor y servicio. Si no tienes una relación estrecha con un inconverso, busca una manera de ayudar a otro cristiano que podría necesitar ánimo ahora mismo.

5

La unidad:
Perseverancia en la verdad

NADA ES MÁS DEMOLEDOR o devastador para una familia que la discordia interna. Toda clase de pecados puede causarla: el orgullo, el egoísmo, la ira, la amargura, la envidia, la codicia y cosas semejantes. Y si esos pecados pueden arruinar familias, matrimonios, relaciones de negocios o amistades, sin duda alguna también pueden socavar o destruir la unidad de la iglesia. Como pastor y como dirigente de una iglesia, no hay nada más aterrador que contemplar cómo los pecados antes mencionados intensificados por un espíritu competitivo y conflictos de personalidad causan discordia y desunión entre los cristianos.

Si los creyentes fuéramos diligentes en la búsqueda congruente de los pilares del carácter bíblico: la fe, la obediencia, la humildad y el amor, la devoción por la unidad sería automática. Pero en el mundo real donde la iglesia funciona, la unidad es muy frágil y siempre susceptible a trastornarse. Como vimos respecto a la actitud del amor, el bien que Dios establece siempre será el blanco de los ataques destructivos de Satanás.

Satanás usa la pecaminosidad de los creyentes para promover la desunión dentro de la iglesia. Cuando dos o más personas insisten en hacer las cosas a su manera, las prioridades individuales a la postre entrarán en conflicto y resultarán en discusiones. La unidad de la iglesia no puede existir en manera alguna si las metas, propósitos e ideales de sus miembros están impulsados por motivos personales. Tal desunión contenciosa entre los cristianos puede causar toda clase de daños. Dios es ofendido y deshonrado, la iglesia es desacreditada y desmoralizada, y el mundo es desilusionado y afirmado en su incredulidad. Esos resultados negativos no son dignos del precio que la iglesia tiene que pagar para que unos pocos creyentes arrogantes puedan satisfacer su ego. Es imperativo preservar la unidad.

Las instrucciones de Pablo con respecto a la unidad

El apóstol Pablo tenía mucha experiencia de primera mano con el problema de la desunión en la iglesia. La mayor parte de los tres primeros capítulos de 1 Corintios trata del fraccionalismo y la discordia dentro de la iglesia en Corinto. Pablo sabía el daño que podía causar tal disputa interna (1 Co. 3:1-4) y, por lo tanto, es lógico que él exhortara a los creyentes en Éfeso y en todo lugar a mantener la unidad: "solícitos en guardar la unidad del Espíritu en el vínculo de la paz, un cuerpo, y un Espíritu, como fuisteis también llamados en una misma esperanza de vuestra vocación; un Señor, una fe, un bautismo, un Dios y Padre de todos, el cual es sobre todos, y por todos, y en todos" (Ef. 4:3-6).

Satanás usa la pecaminosidad de los creyentes para promover la desunión dentro de la iglesia.

Mantener la verdadera unidad espiritual debe ser la preocupación constante de todo creyente. El vocablo griego traducido "solícitos" (Ef. 4:3) básicamente significa "darse prisa", y en este contexto denota tener un celo diligente y santo. Ese esfuerzo por mantener la unidad, por lo tanto, es algo que no debe darse por sentado ni procurarse de manera casual o periódica.

La unidad de la que Pablo habla no es de manufactura humana ni creada por una iglesia. Tampoco es la obra de ciertas denominaciones o movimientos ecuménicos. El apóstol se refiere a la unidad interna que vincula a los verdaderos creyentes mientras actúa en sus vidas. Es la unidad generada por el Espíritu Santo y es expresada así en otro sitio por el apóstol: "Porque por un solo Espíritu fuimos todos bautizados en un cuerpo, sean judíos o griegos, sean esclavos o libres; y a todos se nos dio a beber de un mismo Espíritu... Pero ahora son muchos los miembros, pero el cuerpo es uno solo" (1 Co. 12:13, 20; cf. Ro. 8:9). Y esa unidad es mantenida "en el vínculo de la paz", que es un cinturón espiritual que rodea y une a los creyentes (cf. Fil. 2:2; Col. 3:14).

En contraste, el mundo incrédulo no sabe nada de la verdadera unidad que el Espíritu de Dios puede dar (cf. Is. 48:22). Estatutos, tratados y acuerdos humanos no pueden producir paz y unidad verdaderas. Mientras el mundo enfatiza sentimientos egoístas, prestigio y derechos, jamás se conseguirá la verdadera armonía.

En Efesios 4:4-6, Pablo enfatiza más ampliamente la definición de la unidad espiritual al enumerar las características más destacadas de la verdadera doctrina y práctica cristianas: "un cuerpo, y un Espíritu, como fuisteis también llamados en una misma esperanza de vuestra vocación; un Señor, una fe, un bautismo, un Dios y Padre de todos, el cual es sobre todos, y por todos, y en todos". Sin comprender y abrazar esos aspectos espirituales internos de la unidad, los creyentes nunca pueden experimentarla de forma práctica. Esas cruciales características son puestas de manifiesto de la manera más simple en la perfecta unidad que la Trinidad promueve.

La unidad en el Espíritu Santo

La verdadera iglesia está compuesta de todo creyente que ha puesto su confianza en Jesucristo para su salvación. Es un conjunto de santos sin ninguna división sectaria, étnica o geográfica. Merece solo el nombre de "Cuerpo de Cristo" y no ninguna otra etiqueta que los hombres quieran colocarle. El mismo Espíritu Santo de Dios mora en cada creyente y mantiene unida a la iglesia. Cada creyente es un templo individual del Espíritu (1 Co. 3:16-17), "en quien todo el edificio, bien coordinado, va creciendo para ser un templo santo en el Señor; en quien vosotros también sois juntamente edificados para morada de Dios en el Espíritu" (Ef. 2:21-22). El Espíritu Santo es una "garantía" divina (Ef. 1:14) que asegura que cada cristiano estará presente en la cena de las bodas del Cordero (Ap. 19:9).

Si eres un creyente, también estás unido con otros creyentes "en una misma esperanza de vuestra vocación" (Ef. 4:4). El Espíritu Santo te llama para la salvación, pero también te llama a la madurez cristiana, es decir, a la semejanza de Cristo (Ro. 8:29, Ef. 1:4), lo que incluye un compromiso con la unidad. Hay diferentes dones espirituales, varios ministerios y muchos lugares donde podemos servir a Dios, pero hay un solo llamamiento.

La unidad en Cristo y su doctrina

También está claro que tenemos solo "un Señor" (Ef. 4:5), nuestro Salvador Jesucristo. El apóstol Pedro también enfatiza esto en uno de sus primeros sermones: "Y en ningún otro hay salvación; porque no hay otro nombre bajo el cielo, dado a los hombres, en que podamos ser salvos" (Hch. 4:12). Pablo no solo reiteró esa verdad a los efesios (Ef. 4:5), sino que también la aseguró a la iglesia romana: "Porque no hay diferencia entre judío y griego, pues el mismo que es Señor de todos, es rico para con todos los que le invocan" (Ro. 10:12).

Debido a que hay solo un Señor y Salvador, hay también solo un cuerpo de doctrina revelada por Él en el Nuevo Testamento. Eso es a lo que Judas se refiere cuando, con el fin de prevenir la discordia y el trastorno dentro de la iglesia, los exhorta con estas palabras: "Amados, por la gran solicitud que tenía de escribiros acerca de nuestra común salvación, me ha sido necesario escribiros exhortándoos que contendáis ardientemente por la fe que ha sido una vez dada a los santos" (Jud. 3). Si, con la ayuda del Señor, estudiamos su Palabra fiel y cuidadosamente, sin las destructivas influencias del mundo ni la ciega tradición o prejuicios personales, impediremos la fragmentación del cuerpo de doctrina en ideas polémicas y contradictorias que inevitablemente conducen a la discordia en la iglesia. La Biblia contiene muchas verdades individuales, pero son aspectos armoniosos de la verdad única de Cristo, que es la expresión de nuestra "una fe" (Ef. 4:5).

Cuando entendemos que estamos unidos por "un Señor" en "una fe", daremos testimonio de esa unidad por medio de "un bautismo". Sin duda alguna, hay un solo bautismo espiritual, sugerido en Efesios 4:4, por el cual todos los creyentes somos unidos al Cuerpo de Cristo. Pero hay también un bautismo en agua (Ef. 4:5), esa era la manera común en el Nuevo Testamento de confesar públicamente la fe en Jesucristo y la solidaridad con Él. Los creyentes no debemos ser bautizados en el nombre de una iglesia local ni de un anciano influyente o de algún famoso evangelista ni siquiera en el nombre de un gran apóstol, sino solo en el nombre de Cristo (1 Co. 1:13-17).

La unidad en Dios el Padre

La doctrina monoteísta fundamental del judaísmo es "Jehová nuestro Dios, Jehová uno es" (Dt. 6:4), y esa unidad también es básica para el cristianismo, como se expresa en 1 Corintios 8:4-6 y Santiago 2:19. La amplia declaración de Pablo en Efesios 4:6, "un Dios y Padre de todos, el cual es sobre todos, y por todos, y en todos", se refiere a la unidad magnífica y eterna que Dios da a los cristianos por su Espíritu a través del Hijo. En Efesios 4, el apóstol declara una verdad que se refiere a la función singular de cada miembro de la Trinidad y, además, subraya su unidad dentro de la Deidad y el hecho de que esa unidad de manera soberana, amorosa y poderosa mantiene unida la iglesia como un solo pueblo.

La unidad en la pureza de la verdad

La implicación de todo lo que Pablo dice en Efesios 4:3-6, además de la verdad esencial de que la iglesia debe mantener su unidad, es que los creyentes debemos unirnos alrededor de la verdad y nunca a costa de la pureza o claridad doctrinal. Debemos esforzarnos en pos de una unidad que esté basada en un entendimiento común de quién es Dios y cuál es su voluntad, derivado de un entendimiento común de las Escrituras.

Sin embargo, hoy día hay dos grandes tendencias dentro de la corriente principal de la iglesia evangélica que socavan el concepto de la unidad basada en la pureza. Una es un ecumenismo que dice que todo aquel que dice seguir a Cristo es parte del cuerpo, sin importar cuánto algunos de ellos ignoren la sana doctrina y sostengan ciertos errores y herejías. Tal razonamiento dice que necesitamos superar las diferencias doctrinales "intrascendentes" y solo disfrutar el uno del otro y trabajar juntos en toda oportunidad. Pero si la base de esa unidad no es una fe salvadora, genuina en el Señor Jesucristo, dicha unidad es ficticia porque no se basa sobre la verdad.

La otra tendencia dañina es pasar por alto actitudes y comportamientos pecaminosos y aceptar todos los que se cobijan bajo la sombra de la iglesia, sin importar cuán desobedientes sean a la Palabra de Dios. Pero el apóstol Pablo, en varias ocasiones, enseñó que la unidad cristiana no recibe a tales personas. Tito 3:9-11 dice: "Pero evita las cuestiones necias, y genealogías, y contenciones, y discusiones acerca de la ley; porque son vanas y sin provecho. Al hombre que cause divisiones, después de una y otra amonestación deséchalo, sabiendo que el tal se ha pervertido, y peca y está condenado por su propio juicio". Un hereje que no se arrepiente, renuncia a cualquier derecho a ser aceptado dentro de la unidad de la comunión de la iglesia. Además, Pablo dijo a los tesalonicenses: "Pero os ordenamos, hermanos, en el nombre de nuestro Señor Jesucristo, que os apartéis de todo hermano que ande desordenadamente, y no según la enseñanza que recibisteis de nosotros" (2 Ts. 3:6). La "enseñanza" mencionada aquí no se refiere a normas rabínicas o reglas establecidas por los hombres, sino al conjunto de verdades de la fe y la práctica reveladas a Pablo por el Espíritu de Dios.

La cuestión aquí es que la verdadera unidad del Espíritu pertenece solo a los que afirman la verdad de Dios y viven una vida piadosa como resultado de ello. Si hay personas en nuestras iglesias locales que persisten en enseñar error o que rehúsan arrepentirse de su estilo de vida pecaminoso, los que caminamos con el Señor no podemos tener comunión con ellas.

La preocupación de Cristo por la unidad

A pesar de lo que la Biblia enseña con respecto a la base genuina de la pureza doctrinal y moral, muchos en la iglesia contemporánea todavía no entienden la definición bíblica de la unidad. Con presteza señalan a Juan 17:21, "para que todos sean uno; como tú, oh Padre, en mí, y yo en ti, que también ellos sean uno en nosotros; para que el mundo crea que tú me enviaste", como si quisieran decir que "Jesús estaba preocupado de que los cristianos estuvieran unidos a cualquier precio". Sin embargo, esa es una interpretación errónea del versículo.

Juan 17:21 es parte de la oración sumo sacerdotal de nuestro Señor, que abarca todo el capítulo 17. Cuando Jesús ora "para que todos sean uno", no está pidiendo que todo el que se convierte al cristianismo se lleve bien con todos los que profesan una fe semejante. No es como si simplemente estuviera deseando alguna clase de unidad en la iglesia, la cual pide al Padre que realice, solo para sufrir la decepción de que a través de los siglos su oración no ha sido contestada. Por el contrario, ¡si Cristo oró por la unidad, podemos estar seguros de que se cumplió! La oración de Jesús no tiene que ver con cómo debemos llevarnos bien externamente, sino con el hecho de que en la iglesia seremos uno internamente.

Marcus Rainsford, un pastor inglés quien ayudó con la promoción de varias campañas de evangelización de los americanos D. L. Moody e Ira Sankey a finales del siglo XIX, proporciona esta comprensión adicional del propósito de la gran oración de Jesús:

> Necesitamos recordar que la oración de nuestro Señor no es el origen ni la causa de la unión de la que Él habla, sino que es el fruto y el resultado de esta. No ora para que se establezca una unión entre Él y su pueblo que hasta entonces no había existido, sino para que esa unión que siempre estuvo en la mente, el propósito y el corazón de Dios y sobre la base por la cual Cristo vino para ser el Salvador, y el Espíritu Santo para ser el Consolador *deba ser disfrutada* y manifestada por su pueblo creyente. Él, por sus palabras, derramaría luz celestial alrededor de ellos, y dentro de ellos, para que caminen en la luz como Él está en luz, y como el amado apóstol enseña en su primera epístola, para que podamos tener "comunión… con el Padre, y con su Hijo Jesucristo" (1 Jn. 1:3) (*Our Lord Prays for His Own* [1895; Chicago: Moody Press, 1950, 1978]. 386-387, énfasis en el original).

La oración de Jesús por la unidad de los creyentes, reiterada en Juan 17:23, es, por lo tanto, por todos aquellos que vienen a Él para recibir la misma vida eterna, para llegar a ser participantes de la naturaleza divina y ser morada del Espíritu de Dios. Cualquier persona que viene a Cristo se hace uno con Él. Y, porque comparte su vida, comparte la misma vida espiritual con los demás creyentes. Esa realidad es manifestada con claridad por el apóstol Pablo: "Pero todas estas cosas las hace uno y el mismo Espíritu, repartiendo a cada uno en particular como él quiere. Porque así como el cuerpo es uno, y tiene muchos miembros, pero todos los miembros del cuerpo, siendo muchos, son un solo cuerpo, así también Cristo. Porque por un solo Espíritu fuimos todos bautizados en un cuerpo, sean judíos o griegos, sean esclavos o libres; y a todos se nos dio a beber de un mismo Espíritu... Pero ahora son muchos los miembros, pero el cuerpo es uno solo" (1 Co. 12:11-13, 20).

La manifestación práctica de la unidad

La oración de Jesús en Juan 17 ha sido contestada en la medida en que todos los verdaderos creyentes son uno en Él. Y esa unidad orgánica espiritual, nuestra "fe igualmente preciosa" (2 P. 1:1), se convierte en la base de nuestra comunión práctica. De modo que, para la iglesia, la unidad genuina dada por Dios ya está presente. No es una unidad que quienes componemos la iglesia necesitamos invertir una gran cantidad de tiempo y energía tratando de producirla. Pero es un pilar de la verdad y, como tal, debemos mantenerla firme y conservarla con toda diligencia.

Si mantenemos debidamente la preciosa unidad que tenemos, el mundo verá las manifestaciones prácticas de esta. Y, de esa manera, los inconversos difícilmente podrían recibir un testimonio más creíble de la verdad del evangelio. Las instrucciones de Pablo a los corintios con respecto a cómo demostrar la unidad de forma práctica son absolutamente claras: "Os ruego, pues, hermanos, por el nombre de nuestro Señor Jesucristo, que habléis todos una misma cosa, y que no haya entre vosotros divisiones, sino que estéis perfectamente unidos en una misma mente y en un mismo parecer" (1 Co. 1:10).

Unidad doctrinal

La declaración de Pablo en 1 Corintios, en contraste con lo que vimos en Efesios 4:3-6 y su énfasis en la unidad mística del Cuerpo universal de Cristo, hace hincapié en la unidad de la iglesia local, la que hoy aparece vagamente como un criterio imposible para muchas iglesias. Pero Dios, a través de su Espíritu, nos da el poder de cumplir mandamientos que son humanamente imposibles. Por ejemplo, el mandamiento de Cristo a todos los creyentes: "Sed, pues, vosotros perfectos, como vuestro Padre que está en los cielos es perfecto" (Mt. 5:48). Ese elevado nivel de madurez y santificación es alcanzable, y también lo es la meta de que los miembros de una iglesia local estén de acuerdo con las cosas de Dios.

El mandato del apóstol en 1 Corintios 1:10 está claramente expresado en la Reina-Valera 1960: "que habléis todos una misma cosa". Es potencialmente confuso y espiritualmente perjudicial para los inconversos inquisitivos, así como para los nuevos creyentes, oír a cristianos supuestamente maduros y conocedores enseñar cosas contradictorias respecto del evangelio, las Escrituras, o los principios de la vida cristiana. Es también dañino si cada uno expresa su propia opinión acerca de ciertas doctrinas. Eso podría resultar en el brote de facciones, cada una de las cuales expresa su propia opinión públicamente y critica a todos los demás.

Si una iglesia local desea tener un ministerio vibrante y eficaz, tiene que hablar con una sola voz en cuestiones doctrinales esenciales.

Si una iglesia local desea tener un ministerio vibrante y eficaz, tiene que hablar con una sola voz en cuestiones doctrinales *esenciales*. Y sus instrucciones no deben ofrecerse como los platos de un menú del que los miembros seleccionan a su antojo e ignoran o critican lo que no les gusta. Desafortunadamente, demasiadas iglesias, universidades cristianas, seminarios y ministerios evangélicos practican esa clase de selectividad doctrinal y ética. Pueden presentar una apariencia de unidad social y organizacional, pero cuando se trata de enseñar verdades doctrinales y bíblicas, flaquean y comunican señales confusas. Por supuesto, aferrarse a lo absoluto y ser dogmático con respecto a la teología o a la ética no es algo popular hoy día.

La mayoría de las personas, incluyendo más y más a cristianos profesantes, son contrarias a una postura tan definida. Una razón es que muchas de esas personas quieren evitar la aplicación específica y la obediencia que una solidaridad definida y una convicción doctrinal requieren.

Con la verdad de Dios, sencillamente no puede haber dos puntos de vista conflictivos. Se admite que no podemos ni debemos ser dogmáticos con respecto a lo que no está ni plena ni claramente revelado (Dt. 29:29). Pero Dios no está en desacuerdo consigo mismo, y partes de las Escrituras no están en desacuerdo con otras partes de las Escrituras. Así que Pablo dice a los corintios, y a todos los cristianos, que deben tener unidad doctrinal, una unidad que está basada clara y completamente solo en la Palabra inspirada de Dios.

El llamado del apóstol a la armonía doctrinal, por lo tanto, tiene ciertos distintivos. Se basa en las Escrituras, que fueron dadas por y cumplidas en Jesucristo ("por el nombre de nuestro Señor Jesucristo", 1 Co. 1:10), y completadas a través de las enseñanzas de los apóstoles. El llamado de Pablo es a un modelo que se aplica a todos los grupos de creyentes: "Así que, todos los que somos perfectos, esto mismo sintamos; y si otra cosa sentís, esto también os lo revelará Dios. Pero en aquello a que hemos llegado, sigamos una misma regla, sintamos una misma cosa" (Fil. 3:15-16). Su regla era la doctrina apostólica que personalmente enseñó y ejemplificó a las iglesias (cf. Fil. 1:17; 1 Co. 2:4).

Evitar divisiones

Pablo también exhorta a la iglesia en Corinto y a todas las demás a evitar las divisiones. De otro modo, nada de la unidad y la armonía que él deseaba ocurriría. El vocablo griego *schismata*, que da origen al término castellano *cisma* es la palabra traducida "divisiones" en

1 Corintios 1:10 y que literalmente significa "romper o desgarrar". En su significado más amplio se refiere a un juicio dividido, una diferencia de opinión, o una disensión. El Evangelio de Juan usa dicho vocablo para describir las diferentes evaluaciones que en cierta ocasión la gente hizo de Jesús: "Hubo entonces disensión [*schisma*] entre la gente a causa de él" (Jn. 7:43).

De acuerdo con nuestra discusión de las implicaciones prácticas de la unidad, las divisiones más serias son aquellas que ocurren sobre doctrina y de ese modo destruyen la unidad de una iglesia en Cristo. En absoluto, no hay lugar en una iglesia para enseñanza y actividad que divida al pueblo sobre un asunto que es claramente enseñado en la Palabra. Las personas que se dedican a fomentar esa actividad divisoria realmente son personas egoístas y deben ser señaladas y evitadas, como Pablo advirtió a la iglesia en Roma: "Mas os ruego, hermanos, que os fijéis en los que causan divisiones y tropiezos en contra de la doctrina que vosotros habéis aprendido, y que os apartéis de ellos" (Ro. 16:17).

Una manera importante de prevenir grandes divisiones en la iglesia es contar con dirigentes piadosos bien enseñados en la Palabra, guiados por el Espíritu y unidos respecto a la voluntad de Dios para la iglesia. Esos hombres conocen y están de acuerdo con la sana doctrina y tendrán el discernimiento para reconocer cuándo se están sembrando semillas de discordia y de error, y tienen, además, la capacidad para detener esa actividad destructiva. Los dirigentes piadosos guiarán a la iglesia constantemente en la unidad bíblica de la fe y la práctica (cf. He. 13:7), y deben ser seguidos y apoyados (1 Ts. 5:12-13; He. 13:17).

La completa unidad

Pablo concluye 1 Corintios 1:10 con este mandato: "sino que estéis perfectamente unidos en una misma mente y en un mismo parecer". La expresión "que estéis perfectamente unidos" se refiere a juntar algo para que vuelva a ser una sola pieza, es decir, reparar algo que está roto o separado. Los creyentes verdaderos que son parte de una iglesia deben estar "perfectamente unidos", tanto internamente ("en una misma mente") como externamente ("en un mismo parecer").

La presencia de esas actitudes excluye una forma de unidad reacia o falsa. La verdadera unidad no dirá una cosa públicamente mientras que privadamente alberga desacuerdos y objeciones. Esa clase de hipocresía podría no afectar el tamaño de la iglesia, pero disminuirá su eficacia. Cualquiera que toma esa postura y está en firme desacuerdo con la doctrina y la dirección de su iglesia local no experimentará mucho crecimiento espiritual personal y no será de gran servicio a su iglesia.

Sin embargo, no estamos diciendo que los creyentes deben ser fotocopias el uno del otro. Dios nos ha creado como individuos singulares con diferentes personalidades, intereses, capacidades y dones espirituales. Ninguna iglesia, incluyendo las más ortodoxas, verá a todos sus miembros estar de acuerdo con cada cuestión que sus líderes sugieren o implementan. No hay absoluta unanimidad en la congregación bajo mi guía pastoral. No hay total unanimidad con respecto a cada cosa pequeña que ocurre, pero eso no importa. La prioridad para cada uno es sacrificar afectuosamente sus opiniones personales en las cuestiones no esenciales o los temas menos importantes en aras de la unidad total. Como hemos dicho, el elemento crucial para exhibir la unidad cristiana práctica a los que están a nuestro derredor es que seamos de la misma manera de pensar con respecto a las doctrinas básicas, estilo de vida y práctica eclesial.

> *La prioridad para cada uno es sacrificar afectuosamente sus opiniones personales en las cuestiones no esenciales o los temas menos importantes en aras de la unidad total.*

La unidad espiritual expresada bíblicamente ha sido siempre la voluntad de Dios para su pueblo, y siempre será una bendición para ellos y potencialmente un testimonio eficaz para los que están fuera de la iglesia. La unidad genuina para los creyentes era la voluntad de Dios en el Antiguo Testamento: "¡Mirad cuán bueno y cuán delicioso es habitar los hermanos juntos en armonía!" (Sal. 133:1). Y hemos visto, en varios pasajes del Nuevo Testamento, la gran preocupación del Señor Jesús y del apóstol Pablo de que los creyentes se den cuenta y vivan la unidad que el Espíritu de Dios les ha concedido. La unidad entre los cristianos, una vez más, era la preocupación de Pablo en la conclusión de su enseñanza a los romanos con respecto a la libertad de conciencia: "Pero el Dios de la paciencia y de la consolación os dé entre vosotros un mismo sentir según Cristo Jesús, para que unánimes, a una voz, glorifiquéis al Dios y Padre de nuestro Señor Jesucristo. Por tanto, recibíos los unos a los otros, como también Cristo nos recibió, para gloria de Dios" (Ro. 15:5-7).

El pasaje contiene otra referencia al "sentir" (mente), lo cual es una confirmación adicional de que la verdad de la manifestación de nuestra unidad espiritual orgánica, la demostración del Espíritu de Dios que habita en nuestra vida, comienza con la mente. La fe cristiana es una fe cognitiva. Por lo tanto, no necesitamos mantener la unidad induciendo algún tipo de histeria emocional o sentimentalismo en el que nos unamos en torno de una causa común y nos convirtamos hipnóticamente en un solo grupo. En cambio, Dios quiere que expresemos racionalmente nuestra unidad, centrados en un entendimiento común de su verdad revelada.

Los cristianos podríamos invertir toda la vida tratando de unirnos, y todo sería inútil si no fijaramos la vista en un criterio común. Como acostumbraba a ilustrarlo el pastor y escritor cristiano A. W. Tozer: "Si una persona tiene 4.000 pianos e intenta afinarlos unos con otros, fracasaría. Pero si el mismo individuo usara un diapasón, podría afinar todos los pianos con éxito. Y el diapasón con el que todos los creyentes son afinados es la fe, la verdad del evangelio. Cuando todos estamos afinados según ese criterio, todos estaremos afinados unos con otros. Sin una comprensión de la verdad que esté informada por el Espíritu, acompañada de una búsqueda de la piedad que regular y continuamente trata con el pecado, no nos daremos cuenta de la unidad cristiana como pilar y carácter de nuestra comunión. Pero si nos unimos en la búsqueda de la verdad y la santidad (Ro. 15:6; 1 Co. 1:10; Fil. 1:27), nos ministraremos unos a otros en armonía, glorificaremos al Señor con una voz y enviaremos un testimonio uniforme y congruente a aquellos que no lo conocen.

GUÍA DE ESTUDIO

Capítulo 5
La unidad: Perseverancia en la verdad

Resumen del capítulo

Puesto que siempre ha sido la voluntad de Dios que el Cuerpo de Cristo esté unido por la morada del Espíritu, con base en las doctrinas esenciales de las Escrituras, es imperativo que los cristianos mantengamos la unidad frente al mundo inconverso.

Para comenzar (escoge una)

1. ¿Cómo afecta la falta de unidad a la moral en el trabajo o en un equipo de deporte? ¿Alguna vez has presenciado tal efecto negativo de primera mano? De ser así, ¿qué aprendiste de esa experiencia?

2. ¿Qué doctrinas básicas debemos los cristianos aceptar como esenciales? ¿Qué punto de vista o prácticas permiten diferencias o preferencias personales? Argumenta tus respuestas.

Contesta estas preguntas

1. ¿Hasta qué punto debemos los creyentes tomarnos en serio el tema de la unidad (Ef. 4:3)? ¿Qué indica el vocablo griego en ese pasaje?

2. ¿De qué clase de unidad habla Pablo, y cómo es mantenida (1 Co. 12:13, 20; Col. 3:14)?

3. ¿Quién mora en cada creyente? ¿Qué se garantiza como resultado (Ap. 19:9)?

4. ¿Cuál es "la fe" a la que se refiere Judas 3?

5. ¿Cuál es la manera común en el Nuevo Testamento de confesar públicamente la fe personal en Cristo?

6. ¿Qué enseña Deuteronomio 6:4 con respecto a la naturaleza de Dios? ¿Qué pasaje del Nuevo Testamento apoya esa verdad?

7. ¿Qué dos tendencias generales dentro de la iglesia contemporánea amenazan con socavar la pureza de su unidad?

8. ¿Cuál es el contexto más amplio de la declaración de Jesús en Juan 17:21? ¿Cuál era el verdadero sentido de su oración?

9. Si la unidad no es algo que los cristianos necesitamos producir, entonces, ¿cómo debemos comprender nuestra función al respecto? (cf. 1 Co. 1:10, 2 P. 1:1).

10. ¿Cómo nos ayuda Mateo 5:48 a entender que la unidad perfecta de la iglesia local es realizable?

11. Explica cómo la traducción de 1 Corintios 1:10, en la Reina-Valera 1960, nos ayuda a comprender mejor el significado de la armonía espiritual y unidad doctrinal.

12. Ofrece varias definiciones, tanto específicas como generales, del vocablo usado en el Nuevo Testamento para *divisiones* (cf. Jn. 7:43; 1 Co. 1:10).

13. ¿Cuál es una de las maneras más importantes de evitar grandes divisiones en la iglesia local?

14. ¿Significa la unidad de la iglesia local que tiene que haber unanimidad absolutamente en cada pequeña cuestión? De no ser así, explica tu respuesta más ampliamente.

15. ¿Qué dice la frase de Pablo "un mismo sentir" en Romanos 15:5 respecto de la naturaleza de nuestra fe? ¿Qué relación tiene eso con la unidad cristiana?

Céntrate en la oración

• Ora para que los diáconos y los ancianos en tu iglesia permanezcan fielmente en la Palabra y tomen sabias decisiones para fortalecer la unidad de la iglesia.

• Pídele a Dios que te dé la misma preocupación diligente por la unidad que tuvieron Jesús y Pablo. Ora para que en cada situación contribuyas a la unidad bíblica auténtica entre los creyentes.

Aplicación de la verdad

Lee y estudia el libro de Nehemías durante el próximo mes. Nota especialmente las diferentes maneras y ocasiones en que Nehemías promovió la unidad y la solidaridad entre el pueblo. Escribe una lista de ellas y escoge una sobre la que puedas reflexionar. Luego, considera su aplicación a tu propio ministerio.

6

Sin crecimiento, no hay vida verdadera

LA VIDA, POR DEFINICIÓN, es un proceso de crecimiento. Todo lo que está vivo crece. Por ejemplo, las semillas se convierten en árboles, en algunos casos hasta llegar a la altura de decenas de metros. Aun cuando llegan a su plenitud, muestran un crecimiento regular a través de la producción de nuevas hojas, ramas y frutos.

El principio del crecimiento también se confirma en el ámbito espiritual. Una característica inherente y esencial para todos los que están en el Cuerpo de Cristo es un crecimiento espiritual individual. El pastor John R. W. Stott denomina al crecimiento espiritual la responsabilidad del creyente:

> El gran privilegio de un hijo de Dios es la relación; su gran responsabilidad es crecer. Todo el mundo ama a los niños, pero nadie que esté cuerdo desea que permanezcan en el departamento de cuna. La tragedia, sin embargo, es que muchos cristianos, nacidos de nuevo en Cristo, nunca crecen. Otros, incluso, sufren de regresión espiritual infantil. El propósito del Padre celestial, por otro lado, es que los "niños en Cristo" se conviertan en personas "maduras en Cristo". Nuestro nacimiento debe continuar con el crecimiento. La crisis de la justificación (nuestra aceptación delante de Dios) debe conducir al proceso de

la santificación (nuestro crecimiento en santidad, lo que Pedro denomina "crecer para salvación" [1 P. 2:2]) (*Basic Christianity* [Downers Grove, IL: Intervasity Press, 1958, 136; publicado en español por Certeza Unida).

El crecimiento espiritual es obligatorio

Es desalentador y decepcionante saber de creyentes que no se han desarrollado ni crecido en su fe. En primer lugar, la falta de crecimiento espiritual es innecesaria, porque Dios ha proporcionado a cada cristiano, por medio de su Palabra, todos los recursos espirituales necesarios para el crecimiento. El crecimiento espiritual es esencial y posible. Además, es un mandato, no una opción, como lo demuestra la Palabra de Dios.

> *Dios ha proporcionado a cada cristiano, por medio de su Palabra, todos los recursos espirituales necesarios para el crecimiento.*

En 2 Pedro 3:18, el apóstol manda a todos los creyentes, diciendo: "Antes bien, creced en la gracia y el conocimiento de nuestro Señor y Salvador Jesucristo. A él sea gloria ahora y hasta el día de la eternidad. Amén". Debemos crecer en la esfera de la gracia de Dios y tanto en conocimiento bíblico como experiencia en la medida en que el Señor obra su voluntad a través de todos los desafíos de la vida, tanto los fáciles como los difíciles.

Sin embargo, no somos abandonados a nuestros recursos. El apóstol Pablo escribió estas palabras de estímulo: "Por tanto, nosotros todos, mirando a cara descubierta como en un espejo la gloria del Señor, somos transformados de gloria en gloria en la misma imagen, como por el Espíritu del Señor" (2 Co. 3:18). La Biblia es el espejo y, cuando abrimos la Palabra, la gloria de Dios se refleja y se manifiesta a nosotros a través de sus páginas. Cuando eso sucede, un verdadero crecimiento espiritual tiene lugar, y "somos transformados de gloria en gloria en la misma imagen, como por el Espíritu del Señor". Mientras miramos fielmente en su Palabra, Dios a través del Espíritu Santo nos hace crecer en niveles que van en aumento de madurez hacia la semejanza de Cristo.

Posteriormente, Pablo pidió que los corintios llegaran a ser perfectos (maduros) (2 Co. 13:9). Quería que progresaran hasta llegar al pináculo de la completa madurez espiritual. El apóstol deseaba fervientemente ese crecimiento para todos los creyentes. En Gálatas 4:19, escribió: "Hijitos míos, por quienes vuelvo a sufrir dolores de parto, hasta que Cristo sea formado en vosotros". En Efesios, su deseo era que los creyentes crecieran "hasta que todos lleguemos a la unidad de la fe y del conocimiento del Hijo de Dios, a un varón perfecto, a la medida de la estatura de la plenitud de Cristo" (Ef. 4:13).

Cuando escribió a los filipenses, Pablo había sido creyente unos treinta años, y aun así sabía que tanto él como los demás creyentes eran llamados continuamente a la madurez espiritual: "Hermanos, yo mismo no pretendo haberlo ya alcanzado; pero una cosa hago: olvidando ciertamente lo que queda atrás, y extendiéndome a lo que está delante, prosigo a la meta, al premio del supremo llamamiento de Dios en Cristo Jesús" (Fil. 3:13-14). Y ese mandamiento vigente no tiene término medio, no hay espacio para la neutralidad, o sea, estamos creciendo espiritualmente o estamos retrocediendo. El precio del retroceso inevitablemente es que tenemos que recuperar el terreno espiritual, terreno que una vez habíamos ganado pero que hemos perdido. Por lo tanto, lo ideal es que obedezcamos las palabras de Pablo a Timoteo: "Mas tú, oh hombre de Dios, huye de estas cosas, y sigue la justicia, la piedad, la fe, el amor, la paciencia, la mansedumbre" (1 Ti. 6:11).

Niveles de madurez espiritual

El mandato de que todos los creyentes crezcan espiritualmente está claro en las Escrituras, como lo demuestra 1 Juan 2:12-14:

"Os escribo a vosotros, hijitos, porque vuestros pecados os han sido perdonados por su nombre. Os escribo a vosotros, padres, porque conocéis al que es desde el principio. Os escribo a vosotros, jóvenes, porque habéis vencido al maligno. Os escribo a vosotros, hijitos, porque habéis conocido al Padre. Os he escrito a vosotros, padres, porque habéis conocido al que es desde el principio. Os he escrito a vosotros, jóvenes, porque sois fuertes, y la palabra de Dios permanece en vosotros, y habéis vencido al maligno". El apóstol Juan claramente llama "hijitos" a todos aquellos cuyos pecados han sido perdonados (1 Jn. 2:12). Puesto que todos los verdaderos creyentes, porque se han arrepentido de sus pecados y han confiado en la obra de Cristo en la cruz, han recibido el perdón de sus pecados, es lógico concluir que todos ellos pueden ser llamados por la expresión de intimidad "hijitos".

Este pasaje también revela tres etapas básicas del crecimiento espiritual. Primero están los "hijitos" [*neaniskoi*] (1 Jn. 2:13), que son diferentes de los "hijitos" [*teknía*] del versículo 12. Juan se refiere a subcategorías de creyentes mediante el uso de un vocablo que significa "infantes espirituales", entonces menciona dos niveles más avanzados de desarrollo: "jóvenes" y "padres".

Los infantes espirituales

Como corroboraría cualquier padre, una realidad de los infantes y de los niños es su falta de discernimiento con respecto a lo que es bueno para ellos y lo que no lo es. Cuando los nietos pequeños visitan nuestro hogar, no piden zanahorias u otra merienda nutritiva, prefieren un chocolate. Los niños pequeños carecen del discernimiento con respecto a lo que es beneficioso para ellos. Cuando andan por sus casas, se llevan a la boca todo lo que encuentran o tratan de explorar cualquier área sin importarles el peligro. No poseen discernimiento alguno y aún no están lo suficientemente capacitados para reconocer los peligros de la vida.

Los niños espirituales, ya sean nuevos creyentes o cristianos inmaduros, también carecen de discernimiento. Efesios 4:13-14 nos llama a la madurez y al discernimiento: "hasta que todos lleguemos a la unidad de la fe y del conocimiento del Hijo de Dios, a un varón perfecto, a la medida de la estatura de la plenitud de Cristo; para que ya no seamos niños fluctuantes, llevados por doquiera de todo viento de doctrina, por estratagema de hombres que para engañar emplean con astucia las artimañas del error".

Es esencial… que los nuevos cristianos se integren en la vida de una iglesia fuerte donde sean alimentados de la Palabra y completamente protegidos de daño espiritual potencial.

Cuando alguien que todavía está luchando con su infancia espiritual comienza a profundizar en su conocimiento de Jesucristo (Ef. 4:13), a la postre progresará de su nivel infantil de entendimiento a un nivel mayor de madurez. Y ¿cómo se define ese nivel infantil? Pablo dice que es cuando el individuo es llevado "por doquiera de todo viento de doctrina, por estratagema de hombres que para engañar emplean con astucia las artimañas del error" (Ef. 4:14). Eso resume el problema de la infancia espiritual, es decir, una falta de discernimiento y una vulnerabilidad al error doctrinal. Los falsos maestros encuentran fácil seducir a los bebés espirituales mediante la perversión de la verdad. Es esencial, por lo tanto, que los nuevos cristianos se integren en la vida de una iglesia fuerte donde sean alimentados de la Palabra y completamente protegidos de daño espiritual potencial.

De modo que la característica negativa dominante del niño espiritual es la falta de discernimiento. Pero 1 Juan 2:13 identifica una característica positiva: "Os escribo a vosotros, padres, porque conocéis al que es desde el principio. Os escribo a vosotros, jóvenes, porque habéis vencido al maligno. Os escribo a vosotros, hijitos, porque habéis conocido al Padre". La primera cosa que los padres generalmente escuchan, y esperan escuchar, de la boca de su infante es alguna palabra que suene al menos remotamente similar a "mamá" o "papá". A pesar de las muchas cosas que los niños pequeños todavía no saben ni entienden, sí saben reconocer a sus padres, a quienes apelan para el alimento, el calor, el amor y la protección.

Del mismo modo, el nuevo creyente sabe que el Señor es su fuente de gozo y bendición en su nueva vida. Pero, reitero, a menos que esté protegido de influencias doctrinales dañinas y destructivas, su gozo pronto desaparecerá. Regocijarse en un conocimiento básico del amor de Jesús es un maravilloso punto de partida para los hijos de Dios, pero todos ellos necesitan extenderse y proseguir a la meta para ser más como Cristo.

La juventud espiritual

En la medida en que los creyentes maduran más allá de la infancia espiritual, alcanzan un segundo nivel de madurez, lo que el apóstol Juan llama "jóvenes", que han "vencido al maligno" (1 Jn. 2:13). El vocablo griego traducido "habéis vencido" está en el tiempo perfecto, que significa que podemos alcanzar un punto en nuestro desarrollo espiritual donde ya hemos vencido al maligno, es decir, a Satanás. Esa victoria tendrá resultados continuos en nuestra vida.

Vencer a Satanás, sin embargo, no es lo mismo que despojarse del pecado. Satanás puede darnos un toque y, a través de su sistema centrado en el mundo, poner muchas tentaciones en nuestro camino, pero directamente no nos hace realizar obras malvadas. En cambio, el maligno está mucho más dedicado al desarrollo de ideologías engañosas, malignas y que van en contra de la Biblia. Satanás es mentiroso desde el principio (Jn. 8:44; cf. Gn. 3:4) y está activo en el desarrollo de toda clase de mentiras, diferentes ideologías, filosofías, religiones y todo tipo de artimañas engañosas (cf. 2 Co. 10:3-5; 11:14) para cegar a las personas inconversas y hacer ineficaces a los niños espirituales. Satanás no puede quitarles la salvación a los creyentes jóvenes, pero sí puede mantenerlos en la infancia espiritual e impedir que tengan un impacto positivo en el reino de Dios.

La única manera de vencer a Satanás es ser fuertes en el conocimiento de las Escrituras: "Os he escrito a vosotros, padres, porque habéis conocido al que es desde el principio. Os he escrito a vosotros, jóvenes, porque sois fuertes, y la palabra de Dios permanece en vosotros, y habéis vencido al maligno" (1 Jn. 2:14). Si alcanzas ese nivel de madurez, todavía tendrás pecado y tentación en tu vida, pero también conocerás la sana doctrina lo suficientemente bien para ser capaz de reconocer el error, resistir su seducción y pelear en su contra vigorosamente cuando se enfrente a ti y a otros.

La única manera de vencer a Satanás es ser fuertes en el conocimiento de las Escrituras.

En la medida en que los cristianos maduramos, somos capaces de comprender e interpretar correctamente la Palabra de Dios. Como resultado de ello, nuestra teología comienza a tomar forma mientras adquirimos discernimiento al formular las preguntas correctas. Con nuestro crecimiento en el conocimiento doctrinal viene el deseo de estudiar las Escrituras y la teología con cristianos de mayor conocimiento para poder ser más activos a la hora de refutar las sectas y todas las otras formas de error doctrinal.

Crecer hasta convertirnos en jóvenes espiritualmente eficaces depende simplemente de conocer la verdad (2 P. 3:18). Aumentamos nuestra comprensión y obtenemos músculo espiritual a medida que estudiamos las Escrituras, tal como cuando vamos a un gimnasio. El ejercicio nos hará más fuertes y sentiremos que nos da grandes cantidades de fortaleza física y energía.

A medida que madures como un joven espiritual, poseerás un deseo vigoroso y apasionado por la verdad porque tu teología se está centrando. Puedes usar la Palabra para discernir los tiempos y los cambios en nuestra sociedad y, de esa manera, tratar las cuestiones importantes de la vida que nos rodean. Creerás, conocerás y entenderás lo que la Biblia enseña acerca de las grandes verdades redentoras que aparecen en la Palabra de Dios. En ese sentido estarás fundado en la roca firme y serás fuerte.

Los padres espirituales

Tan edificante como puede ser la vida cristiana durante el nivel anterior de crecimiento, ahí no es donde debe terminar nuestra madurez. Dos veces Juan identifica una tercera categoría de desarrollo en 1 Juan 2:13-14: "Os escribo a vosotros, padres... Os he escrito a vosotros, padres". Hay una clara diferencia entre este último nivel de madurez y el anterior. Mientras que el joven espiritual está entusiasmado por reunir su conocimiento bíblico y doctrinal y aplicarlo vigorosamente a todos los temas, el padre espiritual (hombre o mujer) posee cierto sentido de descanso, tranquilidad y profundidad de carácter. La razón de tener esa paz es reiterada por Juan en los versículos 13 y 14: "porque conocéis al que es desde el principio".

No podemos ni debemos descansar en nuestro nivel percibido de crecimiento, pensando que somos automáticamente maduros cuando, en realidad, nuestra madurez se basa en si estamos obedeciendo a Dios o no.

El apóstol dice que los creyentes más maduros comenzarán a tener un conocimiento más profundo de Dios. Esa no es ninguna clase de experiencia mística, sino una comprensión de las Escrituras que llega a ser más profunda y más rica en la medida en que progresan en el conocimiento de realidades y principios al conocimiento de Dios, quien se ha revelado a sí mismo por medio de las palabras de las Escrituras. Conocer al Padre más íntimamente implica cosas tales como experimentar la respuesta a oraciones de tal manera que no hay duda de que las oye y las contesta, y experimentar los sufrimientos y las pruebas de la vida en una medida que nos lleva a comprender que Dios siempre está presente para sostener y consolar a sus hijos.

Los que han alcanzado el nivel de padres espirituales manifestarán las características que A. W. Tozer ha descrito:

> Un cristiano es espiritual [maduro] cuando lo ve todo desde el punto de vista de Dios. La capacidad de pesarlo todo en la balanza divina y dar a las cosas el mismo valor que les da Dios es una señal de una vida llena del Espíritu. Dios mira *a y a través* al mismo tiempo. Su mirada no se posa en la superficie, sino que penetra hasta llegar al verdadero significado de las cosas. El cristiano carnal [inmaduro] contempla un objeto o una situación pero, como no logra ver más allá de ello, lo que ve le alegra o le desanima. El hombre espiritual puede ver a través de las cosas, como lo hace Dios, y pensar en ellas como el Señor. Insiste en ver todas las cosas como las ve Dios, aunque eso le humille y manifieste su ignorancia hasta hacerle sufrir de verdad (*Ese increíble cristiano*, "Los rasgos del hombre espiritual", en *Lo mejor de A. W. Tozer, Libro uno,* compilado por Warren Wiersbe [Grand Rapids, MI.: Editorial Portavoz, 2017], 131-132, cursivas en el original).

Hay un carácter estable y una profundidad en aquellos que verdaderamente conocen a su Dios. Y la Biblia dice que harán grandes cosas para Él (Dn. 11:32). Ahí es donde todos los creyentes finalmente deben estar.

La clave para alcanzar ese último nivel de madurez es reconocer y recordar el papel crucial de la obediencia. Los diferentes niveles de madurez no son una absoluta garantía. Esos niveles están enlazados con la obediencia. En cualquier etapa de nuestro desarrollo espiritual podemos obedecer a Dios o a la carne. Eso significa que tanto si somos niños espirituales, jóvenes espirituales o padres espirituales, podemos estar progresando en la madurez espiritual o retrocediendo. No podemos ni debemos descansar en nuestro nivel percibido de crecimiento, pensando que somos automáticamente maduros cuando, en realidad, nuestra madurez se basa en si estamos obedeciendo a Dios o no. La madurez espiritual es, entonces, el proceso que mueve a los creyentes de ser niños espirituales a ser jóvenes espirituales y de ahí a ser padres espirituales, por medio de esas experiencias en su vida cuando andan en el Espíritu y obedecen la Palabra de Dios.

Las Escrituras: La clave del crecimiento

Una de las tristes realidades en la iglesia contemporánea es que cada vez con más frecuencia se desprecia la interpretación cuidadosa, reflexiva y precisa de la Palabra de Dios en favor de "experiencias espirituales" subjetivas y místicas. Como resultado, muchos que profesan ser creyentes no están creciendo en absoluto. Es como si un grupo de personas solo comiera comida "chatarra". Los que se quedan atrapados en experiencias vacías y superficiales siguen un sendero que conduce al error y que no puede producir un verdadero cambio espiritual acompañado de crecimiento. En efecto, se están desviando del verdadero sendero de la madurez que procede del estudio de la Palabra de Dios. Se contentan con permanecer en el nivel básico de la inmadurez, acompañado de toda clase de problemas y decepciones, en vez de progresar hacia los niveles de madurez.

El texto clásico sobre el poder, el valor y la importancia de la Palabra en el proceso de maduración del creyente es 2 Timoteo 3:15-17, que dice: "y que desde la niñez has sabido las Sagradas

Escrituras, las cuales te pueden hacer sabio para la salvación por la fe que es en Cristo Jesús. Toda la Escritura es inspirada por Dios, y útil para enseñar, para redargüir, para corregir, para instruir en justicia, a fin de que el hombre de Dios sea perfecto, enteramente preparado para toda buena obra". Este pasaje, más que cualquier otro en el Nuevo Testamento, bosqueja de forma resumida el poder espiritual transformador de la Palabra.

La función de las Escrituras en la salvación

Timoteo tuvo el privilegio de escuchar la Palabra por primera vez en su niñez (2 Ti. 3:15), porque "desde la niñez" su abuela Loida y su madre Eunice le habían enseñado "las Sagradas Escrituras", es decir, el Antiguo Testamento (cf. 2 Ti. 1:5). Ellas habían edificado su fe y su devoción sobre aquellos escritos y ayudaron a Timoteo a hacer lo mismo. Al ser expuestas a las verdades del Nuevo Testamento, la anticipación de la salvación enseñada en el Antiguo Testamento se convirtió en una firme realidad. Se habían arrepentido bajo la gracia y misericordia del Dios de Abraham, Isaac y Jacob. Cuando oyeron el evangelio de Jesucristo, sabían que la promesa de Dios del Mesías redentor se había cumplido y confiaron en Él como Señor y Salvador.

Los que se quedan atrapados en experiencias vacías y superficiales siguen un sendero que conduce al error y que no puede producir un verdadero cambio espiritual acompañado de crecimiento.

Pablo exhortó a Timoteo, quien era más fácilmente intimidado y desanimado que el apóstol, a aferrarse y a permanecer firme en lo que había aprendido. Tanto mediante su familia como bajo la dirección de Pablo, Timoteo llegó a ser coherente en su conocimiento de las

Escrituras. Pablo no tuvo que amonestarlo con respecto a doctrina defectuosa o pecado, pero lo instó a perseverar en la verdad y en la sana doctrina que ya conocía.

Pablo, así como antes el Señor (Jn. 5:39), aclara que las palabras de las Escrituras en sí —o un conocimiento intelectual de estas— no garantiza la salvación, sino que "pueden hacer sabio para la salvación por la fe que es en Cristo Jesús".

Así que, la primera obra que la Palabra realiza es la de llevar a los creyentes a la salvación (cf. Sal. 19:7; Mr. 4:14-20; Jn. 5:24, 39; Stg. 1:18; 1 P. 1:23). La verdad de las Escrituras, cuando se mezcla con la fe en Cristo y es vigorizada por el Espíritu Santo, conduce a la vida espiritual. El apóstol Pablo preguntó a los romanos: "¿Y cómo oirán [los inconversos] sin haber quien les predique?" (Ro. 10:14) y después explica: "Así que la fe es por el oír, y el oír, por la palabra de Dios" (Ro. 10:17).

La función de las Escrituras en la enseñanza

En 2 Timoteo 3:16 se concreta cómo la Palabra obra en la maduración de los creyentes, comenzando con su función didáctica. Pablo dice que "es útil para enseñar". "Útil" (el vocablo griego puede traducirse "beneficioso" o "productivo") se centra en la suficiencia de las Escrituras. Eso significa que las Escrituras son completas, es decir, totalmente capaces de satisfacer todas las necesidades espirituales de los creyentes (cf. Jos. 1:8; Sal. 119).

"Enseñar" simplemente significa que la Palabra comunica doctrina, no dogmatismo, por lo cual los creyentes llegan a comprender la mente de Dios, que abarca su verdad, sus principios, su ley, sus exigencias y sus mandamientos. Todos estos son fundamentales para cada aspecto de la vida cristiana.

El punto importante con respecto a la función esencial de las Escrituras en la enseñanza es que aparte de esta hay ciertas verdades que jamás podrían ser conocidas acerca de Dios. Todos pueden conocer algo con respecto a Dios a través de su revelación general, mediante la cual Él revela su sabiduría y su poder, la variedad y la magnificencia de su creación y el hecho de que Él es un Dios personal. Pero el amor salvador de Dios no puede ser conocido sin la revelación especial. Pablo explica así:

> Antes bien, como está escrito: Cosas que ojo no vio, ni oído oyó, ni han subido en corazón de hombre, son las que Dios ha preparado para los que le aman. Pero Dios nos las reveló a nosotros por el Espíritu; porque el Espíritu todo lo escudriña, aun lo profundo de Dios... Pero el hombre natural no percibe las cosas que son del Espíritu de Dios, porque para él son locura, y no las puede entender, porque se han de discernir espiritualmente. En cambio el espiritual juzga todas las cosas; pero él no es juzgado de nadie. Porque ¿quién conoció la mente del Señor? ¿Quién le instruirá? Mas nosotros tenemos la mente de Cristo (1 Co. 2:9-10, 14-16).

Las verdades relacionadas con la verdadera vida espiritual y con la madurez cristiana sencillamente no están a la disposición y no pueden ser comprendidas por los inconversos. Esas cuestiones no pueden ser comprendidas ni empírica ni filosóficamente. No están disponibles ni interna ni externamente por medio de la sabiduría humana. La única manera de conocer las cosas de Dios es mediante la instrucción del Espíritu Santo a través de la Palabra revelada (Jn. 14:16-17; 16:13; 1 Jn. 2:20, 24, 27). Eso es lo que Jesús dijo que santifica a todos los creyentes: "Santifícalos en tu verdad: tu palabra es verdad" (Jn. 17:17).

La función de las Escrituras en redargüir

Una vez que la Palabra de Dios comienza a enseñar la verdad a los creyentes, con el tiempo e inevitablemente redargüirá ciertas ideas y comportamientos. El vocablo "redargüir" en 2 Timoteo 3:16 significa "reprender, refutar o condenar" el mal comportamiento o la falsa doctrina. Las Escrituras hacen esto en dos áreas: (1) exponen el pecado y (2) refutan el error.

La Palabra de Dios tiene el ministerio negativo de destruir y eliminar todo lo que es pecaminoso y falso, del mismo modo que tiene el ministerio positivo de explicar y realzar todo lo que es justo y verdadero. Ese ministerio de redargüir fue practicado por Pablo constantemente en su uso de la Palabra: "Por tanto, yo os protesto en el día de hoy, que estoy limpio de la sangre de todos… Por tanto, velad, acordándoos que por tres años, de noche y de día, no he cesado de amonestar con lágrimas a cada uno" (Hch. 20:26, 31).

Creyentes maduros que predican y enseñan la Palabra la usarán para condenar lo que es incorrecto, así como para enfatizar lo que es correcto. Jesús se refirió a ese proceso cuando dijo a sus discípulos: "Todo pámpano que en mí no lleva fruto, lo quitará; y todo aquel que lleva fruto, lo limpiará, para que lleve más fruto" (Jn. 15:2).

El crecimiento espiritual puede florecer en la medida en que permitimos que la Palabra confronte nuestro pecado y nuestro error y nos guíe a andar en el Espíritu. Es por eso que la reprensión de las Escrituras es tan provechosa y, por tanto, debemos estar agradecidos por su disciplina, tal como lo expresa el escritor de Proverbios: "Porque el mandamiento es lámpara, la enseñanza es luz, y camino de vida las reprensiones que te instruyen" (Pr. 6:23).

La función de las Escrituras en la corrección

Cuando estaba en la escuela, apreciaba esos maestros que indicaban las respuestas incorrectas en mis trabajos y luego escribían las respuestas correctas. Pero los que solo indicaban las respuestas incorrectas, sin indicar lo que estaba correcto, me frustraban. Las Escrituras no son como esos maestros que solo indican las respuestas incorrectas; más bien, nos corrigen. El vocablo griego traducido "corregir" en 2 Timoteo 3:16 literalmente significa "enderezar". La

Palabra de Dios no solo nos reprende, redarguye y refuta; va más allá y nos coloca de nuevo en línea, remendando, reconstruyendo y reparando lo que está roto.

Semejante a la relación que los padres tienen con sus hijos, las madres y los padres espirituales reprenden a sus hijos respecto al pecado y las áreas que necesitan mejorarse. Si son buenos padres, colocaran a sus hijos en el camino correcto mediante la enseñanza de comportamientos y actitudes correctas.

Creyentes maduros que predican y enseñan la Palabra la usarán para condenar lo que es incorrecto, así como para enfatizar lo que es correcto.

La corrección bíblica es, por tanto, la provisión positiva para los creyentes que aceptan la reprensión negativa de la Palabra. A veces, el proceso es difícil de aceptar: "Es verdad que ninguna disciplina al presente parece ser causa de gozo, sino de tristeza; pero después da fruto apacible de justicia a los que en ella han sido ejercitados" (He. 12:11).

La función de las Escrituras para instruir en justicia

Si permitimos que la Palabra de Dios realice una función genuina en nuestro crecimiento espiritual, no solo nos dejará con los elementos básicos de la verdad. Además, la Palabra aplicará a nuestra vida lo que nos ha enseñado de tal modo que continuamente pueda edificarnos en justicia. En 2 Timoteo 3:16, ese proceso es sugerido por el vocablo griego *paideía,* traducido "instruir" y que originalmente significaba entrenar a un niño (*paidíon*), pero posteriormente llegó a tener un significado más amplio, es decir, cualquier clase de entrenamiento, como ocurre en este versículo.

Sin embargo, ¿cómo se expresa en un sentido práctico instruir en justicia? El proceso comienza cuando oímos la predicación de las Escrituras durante el culto de adoración, en la escuela dominical o en un estudio bíblico. Es ahí cuando almacenamos en nuestro corazón y en nuestra mente la verdad doctrinal y bíblica.

La siguiente fase práctica de nuestra instrucción en justicia surge en nuestra vida diaria a medida que nos relacionamos con personas y con ideas del mundo y, de vez en cuando, es necesario confrontar el error. Podrías encontrarte en un grupo de discusión cuando alguien interpone un obvio error doctrinal. En ese momento puedes recurrir a las Escrituras para refutar el error y permitir que la verdad influya en el pensamiento de los miembros del grupo. De ese modo, estarás obedeciendo el mandato del apóstol Pablo de "presentarte a Dios aprobado, como obrero que no tiene de qué avergonzarse, que usa bien la palabra de verdad" (2 Ti. 2:15; cf. Ef. 6:14-17).

En un ámbito más personal, puedes entrenarte en la justicia cuando te encuentres con una tentación. Cuando creas que estás a punto de perder una batalla contra la tentación, puedes apelar a tu conocimiento bíblico para ayudarte a responder de manera piadosa y correcta. Del mismo modo, podrías enfrentarte a una gran prueba en la que tu entendimiento de la Palabra se hará cargo de la situación, te guiará a lo largo de la crisis, y por ese medio te instruirá en justicia. Siguiendo el ejemplo del Señor Jesús (cf. Mt. 4:3-10), necesitamos usar las Escrituras cuidadosa y correctamente para hacer frente a cada tentación y prueba procedente del mundo (cf. Sal. 119:9-11; Col. 3:16).

Sin importar lo profundo que sea nuestro entendimiento de las Escrituras, aun así, Dios nos instruye en maneras que no siempre comprendemos. No obstante, eso no debe impedirnos afirmar con el salmista: "Como el ciervo brama por las corrientes de las aguas, así clama por ti, Dios, el alma mía" (Sal. 42:1).

Debemos desear las Escrituras

Si vamos a experimentar un crecimiento genuino, este tiene que ocurrir según el modelo de 1 Pedro 2:1-2: "Desechando, pues, toda malicia, todo engaño, hipocresía, envidias, y todas las detracciones, desead, como niños recién nacidos, la leche espiritual no adulterada, para que por ella crezcáis para salvación".

El versículo 1 simplemente significa que tenemos que resolver la problemática del pecado en nuestra vida mediante la confesión constante y el abandono del pecado. Entonces podemos llegar al corazón del asunto en el versículo 2 y tener un deseo libre de cargas de la riqueza y la pureza de las Escrituras. Como escribió David en el Salmo 19:10 con respecto a la Biblia: "Deseables son más que el oro, y más que mucho oro afinado; y dulces más que la miel, la que destila del panal". David también escribió en el Salmo 1:2 que el hombre bienaventurado "en la ley [Palabra] de Jehová está su delicia, y en su ley medita de día y de noche". Como declara repetidas veces en el Salmo 119, él se deleitaba en la Palabra. Ese anhelo profundo y lleno de gozo por las Escrituras es también nuestra clave fundamental para crecer más y más en la semejanza de Cristo.

La analogía en 1 Pedro 2:2 es muy clara. El apóstol Pedro sencillamente dice que los creyentes deben desear la Palabra del mismo modo que los niños desean la leche. En el griego, el vocablo traducido "desear" significa un anhelo intenso y recurrente tal como el que los niños expresan para indicar su deseo por la leche. No les importa si procede de una botella o directamente de la madre o el color de la habitación, ni siquiera qué hora del día es, lo que quieren es leche, y si no la obtienen enseguida, lloran y chillan. Los creyentes deben tener la misma clase de anhelo claro por la Palabra de Dios.

Pedro no dice: lee la Biblia, o estúdiala o medita en ella, él dice *deséala*. Es lo que Pablo llama "el amor de la verdad" (2 Ts. 2:10). En efecto, eso produce una actitud en el corazón del creyente que dice: "Quiero la Palabra más de lo que quiero cualquier otra cosa".

Necesitamos esa clase de deseo profundo si hemos de conocer las Escrituras lo suficientemente bien para que pueda instruirnos

LOS PILARES DEL CARÁCTER CRISTIANO

en justicia. Considera la pasión por la verdad que el escritor de Proverbios bosqueja:

> Hijo mío, si recibes mis palabras, y mis mandamientos guardares dentro de ti, haciendo estar atento tu oído a la sabiduría; si inclinares tu corazón a la prudencia, si clamares a la inteligencia, y a la prudencia dieres tu voz; si como a la plata la buscares, y la escudriñares como a tesoros, entonces entenderás el temor de Jehová, y hallarás el conocimiento de Dios. Porque Jehová da la sabiduría, y de su boca viene el conocimiento y la inteligencia (Pr. 2:1-6).

Si vamos en pos de la verdad divina tan seriamente como algunas personas procuran las riquezas materiales, la encontraremos porque Dios la ha hecho disponible (cf. Job 28).

Cuando los creyentes ansiemos la Palabra de Dios tan apasionadamente como un bebé desea la leche, creceremos y maduraremos y llegaremos a ser semejantes a Cristo.

Se dice de un joven que una vez se acercó al filósofo y maestro griego de la antigüedad, Sócrates, y le preguntó: "Oh maestro Sócrates, ¿podría usted ser mi maestro?

Sócrates le respondió: "Sígueme", y se volvió y caminó en el mar. Continuó caminando y caminando, y el joven continuó siguiéndolo y siguiéndolo. Deseaba mucho tener al maestro Sócrates como mentor.

Finalmente, llegaron a la profundidad en la que el agua tocaba justamente el borde de sus labios. Sócrates entonces dio la vuelta y colocó ambas manos sobre la cabeza del joven y lo empujó debajo del agua. El joven, queriendo ser un estudiante obediente, permaneció debajo del agua por un poco de tiempo.

No obstante, pronto comenzó a escupir y a agitarse a mientras trataba de respirar. Durante ese tiempo, Sócrates, quien evidentemente era fuerte, lo mantenía debajo del agua. Pronto el joven comenzó a soplar grandes burbujas y moverse enloquecidamente. Finalmente, Sócrates retiró sus manos de su candidato a estudiante, quien saltó a la superficie del agua.

Haciendo esfuerzos para respirar y escupiendo agua de su boca, el joven frenéticamente le preguntó al filósofo: "¿Por qué hizo usted eso? ¿Por qué?".

Sócrates le contestó: "Cuando desees aprender tanto como deseas respirar, seré tu maestro".

Cuando los creyentes queramos encontrar y conocer la verdad de la manera en que algunas personas buscan tesoros naturales, cuando los creyentes ansiemos la Palabra de Dios tan apasionadamente como un bebé desea la leche, creceremos y maduraremos y llegaremos a ser semejantes a Cristo.

Josué 1:8 proporciona un resumen adecuado para nuestro estudio del crecimiento espiritual: "Nunca se apartará de tu boca este libro de la ley, sino que de día y de noche meditarás en él, para que guardes y hagas conforme a todo lo que en él está escrito; porque entonces harás prosperar tu camino y todo te saldrá bien": la clave está en asimilar la Palabra de Dios y vivirla diariamente.

GUÍA DE ESTUDIO

Capítulo 6
Sin crecimiento, no hay vida verdadera

Resumen del capítulo

Todos los cristianos genuinos creceremos espiritualmente, aunque en diferentes niveles de madurez. Sabremos que la Palabra de Dios es la base del verdadero crecimiento y, por lo tanto, desearemos conocerla más y mejor.

Para comenzar (escoge una)

1. ¿Cuál es tu *hobby* o pasatiempo favorito? ¿Cuánto tiempo dedicas a mejorar tu eficacia o destreza en esa actividad? ¿Es eso apropiado o equilibrado? ¿Por qué sí o por qué no? ¿Qué piensa tu cónyuge? ¿Qué piensan tus amigos?

2. Algunas personas toman medidas extraordinarias para tratar a una mascota enferma o en reavivar una planta o árbol que se muere. ¿Has conocido a alguien así? De ser así, relata brevemente su historia al grupo. ¿Qué es lo máximo que estarías dispuesto a hacer y gastar en tal caso?

Contesta estas preguntas:

1. ¿Qué dice la Biblia con respecto a la necesidad de crecimiento espiritual? Cita dos o tres referencias.

2. *Verdadero o falso:* La Biblia sugiere que no hay término medio respecto al crecimiento espiritual; está presente o está ausente de la vida del creyente.

3. ¿Cuál es el precio que inevitablemente pagamos por el retroceso espiritual?

4. ¿Qué expresión de intimidad en 1 Juan 2 puede aplicarse a todos los verdaderos creyentes?

5. ¿Qué señal de madurez está ausente en todos los niños espirituales? Por lo tanto, ¿a qué son vulnerables?

6. ¿En qué clase de guerra espiritual está Satanás principalmente implicado (cf. 2 Co. 10:3-5)?

7. ¿Qué debe ser cierto en tu vida una vez que alcances el nivel de madurez de un joven espiritual?

8. ¿Cuál es la diferencia primordial en madurez entre el joven espiritual y el padre espiritual?

9. En nuestras iglesias de hoy día: ¿qué actitud está desafiando el entendimiento sensato y correcto de las Escrituras?

10. ¿Cuál es el pasaje más breve, pero más completo respeto a la importancia y el poder espiritual y transformador de las Escrituras?

11. ¿Cómo obran las palabras de las Escrituras para guiar a las personas a la salvación (Jn. 5:24, 39; Ro. 10:17)?

12. Explica con más detalles el significado de la frase "útil para enseñar" (2 Ti. 3:16). ¿Cuáles son sus resultados en la vida del creyente?

13. ¿A qué dos áreas hace frente la Biblia mientras redarguye? ¿Por qué es tan útil el redargüir (cf. Pr. 6:23)?

14. ¿Cuáles son los resultados prácticos del "instruir en justicia" usando las Escrituras?

15. ¿Cómo nos ayuda el significado de la expresión griega traducida "desead" (1 P. 2:2) para tener una mejor comprensión de cómo debemos desear la Palabra de Dios?

Céntrate en la oración

- Si sabes de alguien que esté luchando con un aspecto de crecimiento espiritual, ora por esa persona y pídele al Señor que te use para ayudar a tu amigo.

• Pídele a Dios que aumente tu deseo de conocer su palabra y crecer. Ora por dos o tres áreas específicas en las que necesitas mejorar.

Aplicación de la verdad

Una manera de seguir la pista de tu crecimiento espiritual personal es mediante un diario espiritual. Si no tienes ese hábito, comienza esta semana. Comienza registrando ideas de tus momentos devocionales y haciendo una lista de temas de oración y de oraciones contestadas.

7

La bendición del perdón

Un PILAR ESENCIAL del carácter cristiano, que fácilmente puede omitirse y causar gran daño a la iglesia, es la actitud del perdón. Este debe acompañar a nuestra unidad y a nuestra búsqueda de santidad (crecimiento espiritual). De otro modo, el Cuerpo de Cristo puede convertirse en algo áspero, rígido y amargo, cuyo resultado sería guardar rencor y elevar el orgullo.

El perdón es absolutamente esencial porque, por mucho que quisiéramos traer la perfección del cielo en medio de la vida de la iglesia, eso no ocurrirá en esta vida. En cambio, habrá pecados, imperfecciones, errores, juicios equivocados y malas actitudes, y esas cosas ocurrirán tanto entre los dirigentes de la iglesia como en la misma congregación.

Aun el apóstol Pablo, en el cenit de su vida y el final mismo de su carrera como un leal dirigente cristiano y fundador de iglesias, se identificó a sí mismo como el primero de los pecadores (1 Ti. 1:15). El pecado siempre nos asediará, y constantemente estaremos de acuerdo con las palabras de Pablo "¡Miserable de mí! ¿quién me librará de este cuerpo de muerte?" (Ro. 7:24). De hecho, cuanto más seguimos el modelo de crecimiento espiritual bosquejado en el capítulo anterior y cuanto más maduramos, más sensibles seremos al pecado y más conscientes estaremos de nuestros fracasos.

De modo que los creyentes más maduros siempre deben sentir

la necesidad de tener una actitud perdonadora dentro de la vida de la iglesia. Si no se abandonan las actitudes implacables, invariablemente conducirán a una falta de unidad y de comunión entre los creyentes, a una limitada efectividad en el ministerio y a una pérdida de gozo y paz que todos los cristianos deben experimentar por medio del Espíritu Santo.

> *Si no se abandonan las actitudes implacables, invariablemente conducirán a una falta de unidad y de comunión entre los creyentes.*

Por supuesto, la sociedad secular de hoy día, psicológicamente seducida, inclinada al ejercicio y a la glorificación del amor propio, se burla del perdón. Las personas se acogen tenazmente a sus "derechos personales" para sentirse ofendidas ante cada supuesto mal que experimentan. También encuentran mucha satisfacción en vengarse de otras personas. Todo eso es contrario a lo que la Biblia nos enseña y es una poderosa razón para que los cristianos nos caractericemos por ser perdonadores.

La acción celestial por excelencia

Samuel Davies, un evangelista y organizador del presbiterianismo en la Norteamérica colonial, expresó maravillosamente, en las estrofas del siguiente himno, la actitud perdonadora de Dios y cuál debe ser nuestra respuesta:

> ¡Perdón de un Dios ofendido!
> ¡Perdón de tantos pecados cometidos!
> ¡Perdón por el sacrificio del Cordero!
> ¡Perdón ofrecido al mundo entero!
> ¿Qué Dios como tú que perdona la maldad?
> Como tú no hay otro en justicia y santidad.

Oh, amor glorioso e incomparable,
sublime es el regalo de tu gracia.
Enseña a los hombres a ser agradecidos,
a alabarte por tu amor inagotable.
¿Qué Dios como tú, amante y perdonador
que concede su gracia al pecador?

Como sugieren esos versos, el perdón de Dios es maravilloso. Es su amor inmerecido y gratuito que no considera culpable al pecador, sino que pasa por alto completamente la transgresión.

Cuando manifestamos perdón, esencialmente estamos diciendo que no importa lo que la otra persona haya hecho, no permaneceremos enfadados o con deseo de venganza. No culparemos a la otra persona o sentiremos compasión por nosotros mismos porque nos han ofendido. En cambio, estaremos preparados para hacer caso omiso a ese pecado y ofrecer, sin reservas, nuestro amor a esa persona.

Eso es el perdón y ese es un distintivo de un carácter santificado. Estoy convencido de que el perdón es el favor más sublime que podemos otorgar a otra persona. Si es nuestro deseo sincero de ser semejante a Cristo, debemos poseer y demostrar la actitud del perdón. Nunca somos más semejantes a nuestro Padre celestial que cuando perdonamos a alguien.

Dios perdona por naturaleza

Las Escrituras están repletas de evidencias de que Dios es perdonador. Éxodo 34:6-7 dice: "Y pasando Jehová por delante de él [Moisés], proclamó: ¡Jehová! ¡Jehová! fuerte, misericordioso y piadoso; tardo para la ira, y grande en misericordia y verdad; que guarda misericordia a millares, que perdona la iniquidad, la rebelión y el pecado". Moisés había pedido ver la gloria de Dios, de modo que el Señor reveló una pequeña porción de esta cuando pasó delante de él e identificó algunos de sus atributos básicos.

Los salmos también atestiguan la verdad de la naturaleza perdonadora de Dios. He aquí tres pasajes representativos:

> Bienaventurado aquel cuya trasgresión ha sido perdonada, y cubierto su pecado. Bienaventurado el hombre a quien Jehová no culpa de iniquidad, y en cuyo espíritu no hay engaño (Sal. 32:1-2).

> Perdonaste la iniquidad de tu pueblo; todos los pecados de ellos cubriste. Reprimiste todo tu enojo; te apartaste del ardor de tu ira (Sal. 85:2-3).

> JAH, si mirares a los pecados, ¿quién, oh Señor, podrá mantenerse? Pero en ti hay perdón, para que seas reverenciado (Sal. 130:3-4).

Los profetas del Antiguo Testamento también proclamaron la verdad de la naturaleza perdonadora de Dios. A través de Isaías, Dios dijo: "Yo, yo soy el que borro tus rebeliones por amor de mí mismo, y no me acordaré de tus pecados" (Is. 43:25). Dios sencillamente dice que pondrá su carácter como Dios perdonador en despliegue y así recibe adoración de quienes están agradecidos por su perdón.

En Isaías 55:6-7, el profeta reitera el principio del perdón con esta exhortación: "Buscad a Jehová mientras puede ser hallado, llamadle en tanto que está cercano. Deje el impío su camino, y el hombre inicuo sus pensamientos, y vuélvase a Jehová, el cual tendrá de él misericordia, y al Dios nuestro, el cual será amplio en perdonar".

En Jeremías 33:8, tres veces Dios declara la importancia de los pecados del pueblo y dos veces proclama su actitud perdonadora: "Y los limpiaré de toda su maldad con que pecaron contra mí; y perdonaré todos sus pecados con que contra mí pecaron, y con que contra mí se rebelaron".

Ilustraciones del perdón en el Nuevo Testamento

La naturaleza perdonadora esencial de Dios quizá no esté mejor representada en ningún oro lugar que la conocida parábola de Jesús del hijo pródigo (que podría titularse más bien la parábola del padre perdonador). Lucas 15:11-24 registra el texto del padre compasivo y el hijo descarriado:

> También dijo: Un hombre tenía dos hijos; y el menor de ellos dijo a su padre: Padre, dame la parte de los bienes que me corresponde; y les repartió los bienes. No muchos días después, juntándolo todo el hijo menor, se fue lejos a una provincia apartada; y allí desperdició sus bienes viviendo perdidamente. Y cuando todo lo hubo malgastado, vino una gran hambre en aquella provincia, y comenzó a faltarle. Y fue y se arrimó a uno de los ciudadanos de aquella tierra, el cual le envió a su hacienda para que apacentase cerdos. Y deseaba llenar su vientre de las algarrobas que comían los cerdos, pero nadie le daba. Y volviendo en sí, dijo: ¡Cuántos jornaleros en casa de mi padre tienen abundancia de pan, y yo aquí perezco de hambre! Me levantaré e iré a mi padre, y le diré: Padre, he pecado contra el cielo y contra ti. Ya no soy digno de ser llamado tu hijo; hazme como a uno de tus jornaleros. Y levantándose, vino a su padre. Y cuando aún estaba lejos, lo vio su padre, y fue movido a misericordia, y corrió, y se echó sobre su cuello, y le besó. Y el hijo le dijo: Padre, he pecado contra el cielo y contra ti, y ya no soy digno de ser llamado tu hijo. Pero el padre dijo a sus siervos: Sacad el mejor vestido, y vestidle; y poned un anillo en su mano, y calzado en sus pies. Y traed el becerro gordo y matadlo, y comamos y hagamos fiesta; porque este mi hijo muerto era, y ha revivido; se había perdido, y es hallado. Y comenzaron a regocijarse.

El hijo en esta parábola se asemeja a muchos hijos hoy: necio, avaro, egoísta, licencioso, ansioso de apoderarse de riquezas por las que no ha trabajado, y derrochador en la manera como gasta el dinero en compañía de personas irresponsables e indiferentes que lo dejan en la misma miseria cuando los recursos se agotan. Al volver en sí en una pocilga, su condición refleja su vida. Dándose cuenta de que los jornaleros de la casa de su padre tienen mejor vida que él, decide regresar a su casa.

La última cosa que el hijo espera es el perdón. Solo quiere la oportunidad de regresar a casa, reconocer cuán terrible y vagabundo hijo ha sido, y convertirse en un esclavo. Por lo menos tendrá un lugar donde vivir y un buen plato de comida para alimentarse.

Al describir la llegada del hijo a la casa del padre, Jesús nos enseña lo que significaba perdonar, sobre la base de cómo Dios perdona. Tan pronto como el padre ve al hijo a la distancia, corre a su encuentro, cariñosa y sinceramente, abraza a su hijo, y ordena una celebración exagerada para celebrar el regreso. Eso ilustra el generoso carácter de Dios y su amplio perdón. Cuando Dios ve al pecador dirigirse a Él con un corazón arrepentido y una disposición para confesar sus pecados, inmediatamente lo abraza y derrama su amor perdonador sobre ese pecador.

El padre de la parábola no se parece en nada a las personas en la iglesia que mantienen una actitud impía y antibíblica de amargura. Esas personas, que piensan que tienen que desquitarse por cada cosa errónea hecha contra ellas y reaccionan para preservar su orgullo, son totalmente contrarias al carácter de Jesucristo.

Las personas amargadas no están dispuestas a perdonar, y sus acciones llenas de rencor socavan el trabajo de la iglesia y el ministerio de siervos y líderes fieles. ¡Qué contraste con el padre que se regocija por el hijo arrepentido y no escatima ningún esfuerzo para expresar su perdón! Y el padre no hace nada por ganancia personal, sino simplemente por el gozo de la reconciliación. La parábola ilustra la manera de Dios de perdonar. Es por eso que reiteramos que el perdón es la acción más sublime que cualquiera podría realizar (cf. Mt. 5:43-45).

El perdón es también el argumento principal de Pablo en Efesios 4:32: "Antes sed benignos unos con otros, misericordiosos, perdonándoos unos a otros, como Dios también os perdonó a vosotros en Cristo". Una actitud perdonadora es el ingrediente clave para tratar a otros bondadosa y tiernamente. Ya hemos visto que Dios nos ama y nos perdona, no porque lo merezcamos, sino simplemente porque Él es abrumadoramente misericordioso. Por lo tanto, de la misma manera, los creyentes debemos extender bondad y compasión a otros creyentes en medio de un mundo extremadamente iracundo, inmisericorde y sin bondad, perdonando los pecados, los fracasos y las debilidades, y desestimando nuestras propias agendas egoístas y expectativas personales.

Debemos perdonar con la misma magnanimidad y generosidad con la que Dios nos ha perdonado.

En Colosenses 3:13, Pablo destaca otra importante verdad tocante al perdón cristiano: "soportándoos unos a otros, y perdonándoos unos a otros si alguno tuviere queja contra otro. De la manera que Cristo os perdonó, así también hacedlo vosotros". Debemos perdonar con la misma magnanimidad y generosidad con la que Dios nos ha perdonado.

El imperativo del perdón

Otra parábola de Jesús que claramente enfatiza la importancia del perdón en la vida cristiana es la parábola del siervo malvado. En ese pasaje, la enseñanza de Jesús destaca no solo la necesidad del perdón, sino también el imperativo de que si Dios, que ha recibido la mayor ofensa, puede perdonarnos, entonces los creyentes, quienes han sido ofendidos mucho menos, deben perdonar a otros creyentes.

En respuesta a la pregunta de Pedro con respecto a cuántas veces un creyente debe perdonar los pecados a su hermano, el Señor relató la siguiente parábola a sus discípulos:

Por lo cual el reino de los cielos es semejante a un rey que quiso hacer cuentas con sus siervos. Y comenzando a hacer cuentas, le fue presentado uno que le debía diez mil talentos. A este, como no pudo pagar, ordenó su señor venderle, y a su mujer e hijos, y todo lo que tenía, para que se le pagase la deuda. Entonces aquel siervo, postrado, le suplicaba, diciendo: Señor, ten paciencia conmigo, y yo te lo pagaré todo. El señor de aquel siervo, movido a misericordia, le soltó y le perdonó la deuda. Pero saliendo aquel siervo, halló a uno de sus consiervos, que le debía cien denarios; y asiendo de él, le ahogaba, diciendo: Págame lo que me debes. Entonces su consiervo, postrándose a sus pies, le rogaba diciendo: Ten paciencia conmigo, y yo te lo pagaré todo. Más él no quiso, sino fue y le echó en la cárcel, hasta que pagase la deuda. Viendo sus consiervos lo que pasaba, se entristecieron mucho, y fueron y refirieron a su señor todo lo que había pasado. Entonces, llamándole su señor, le dijo: Siervo malvado, toda aquella deuda te perdoné, porque me rogaste. ¿No debías tú también tener misericordia de tu consiervo, como yo tuve misericordia de ti? Entonces su señor, enojado, le entregó a los verdugos, hasta que pagase todo lo que le debía. Así también mi Padre celestial hará con vosotros si no perdonáis de todo corazón cada uno a su hermano sus ofensas (Mt. 18:23-35).

En los reinos de la antigüedad, todos los ciudadanos eran esclavos en el sentido amplio de la palabra puesto que eran súbditos del monarca. Eso significa que la nobleza era esclava del rey en la misma medida en que lo eran los más humildes esclavos. Esta parábola sugiere tales extremos, lo cual indica que su verdad es aplicable a todo creyente en el reino de Dios. El primer siervo en la parábola tenía mucha riqueza personal, pero el segundo era probablemente pobre en comparación. El primero era probablemente un gobernador del reino, y su principal responsabilidad era cobrar los impuestos para el rey.

La idea central de la parábola en cuanto al dinero es que el siervo tenía una gran cantidad de deuda no pagada al rey. Esa tremenda deuda simboliza la enorme deuda de pecado que todo ser humano tiene con Dios. Cuando el Espíritu de Dios convence a un individuo de su pecado (Jn. 16:8), se da cuenta de que la deuda del pecado sobrepasa la comprensión y es humanamente impagable (cf. Job 42:6; Esd. 9:6; Ro. 7:13).

Dios quiere que veamos la vida como una mayordomía que debe vivirse para su gloria. Pero los inconversos toman la vida que les ha sido dada por Dios y la despilfarran en ellos mismos en vez de invertirla en Él. Como el hijo pródigo o el siervo que enterró el talento, desperdician cualquier privilegio del evangelio que el Señor les otorga.

El primer siervo de la parábola representa al inconverso a quien Dios le ha dado vida (Hch. 17:25), tiene la oportunidad de darle a Dios lo que le debe (Ro. 11:36), pero malgasta los recursos de Dios en el pecado. Representando a cualquier pecador en bancarrota, aquel hombre probablemente desfalcó lo que justamente pertenecía al rey y lo gastó todo en sus propios deseos. Eso produjo el castigo del siervo, como dice el texto. "A este, como no pudo pagar, ordenó su señor venderle, y a su mujer e hijos, y todo lo que tenía, para que se le pague la deuda" (Mt. 18.25).

Al ser confrontado con su pecado y las consecuencias, el siervo se postró delante del rey, indicando su completa sumisión a la misericordia del monarca. El hombre fue plenamente redargüido por su pecado y estaba genuinamente arrepentido. Todo pecador debía sentirse tan abrumado por su pecado como aquel siervo se sintió por su deuda (cf. Mt. 5:3-12; Lc. 18:13).

Aunque la posibilidad de corregir las cosas era virtualmente inexistente, aquel hombre en su desesperación rogó que se le diera una oportunidad: "Entonces aquel siervo, postrado, le suplicaba, diciendo: Señor, ten paciencia conmigo, y yo te lo pagaré todo" (Mt. 18:26). La actitud posterior del rey de bondad compasiva ilustra el gran amor perdonador de Dios hacia el pecador verdaderamente arrepentido, que sabe que necesita descansar en la misericordia del Señor. Él libera al pecador de la deuda imposible del pecado y lo declara una nueva persona en Cristo. (Sin duda, la parábola apunta al mensaje del evangelio, no completamente bosquejado, porque el punto principal que Jesús quería ilustrar era el tema del perdón entre los creyentes).

La actitud y el comportamiento del siervo perdonado hacia uno de sus consiervos, en la segunda parte de la parábola, es realmente increíble e inaceptable a la luz del gesto magnánimo del rey. Aunque el segundo siervo tenía una deuda muchísimo menor que la del primer siervo, el recién perdonado siervo era totalmente renuente a emular al rey y perdonar al otro siervo. No es que lo que el segundo siervo debía al primero no fuera una deuda legítima. Era una deuda real y necesitaba perdón, cosa que el primer siervo rehusó otorgar. En cambio, actuó de una manera orgullosa, con vanidad, ingratitud y sin misericordia hacia el otro siervo que tenía un nivel más bajo que él.

El hecho de que el siervo perdonado le exigiera al otro el pago y que lo hiciera de forma airada y abusiva era algo totalmente insensible, irracional y, como dice un comentarista: "una monstruosidad moral". Y el siervo que no quiso perdonar fue castigado por su pecado cuando los otros siervos (que representan a los creyentes) fueron con mucha tristeza e informaron al rey lo que había ocurrido.

El monarca, tal como ocurriría con nuestro santo y justo Dios, se enojó (Mt. 18:34) por el insólito pecado de aquel hombre.

El peor aspecto del pecado no fue la exigencia del pago de una deuda relativamente pequeña, sino la terca resistencia a perdonar a un consiervo en el espíritu con el que el primer siervo encontró misericordia. El siervo perdonado definitivamente no estaba siguiendo el principio que el apóstol Pablo expresó posteriormente en Efesios 4:32.

Cuando Dios necesita disciplinar a los creyentes por algún pecado grave, es totalmente imparcial, más de lo que podría serlo el castigo de cualquier rey. El Señor, aunque siempre le disgusta el pecado, disciplina a sus hijos porque los ama (He. 12:6, 10-11). Si se les olvida el perdón que recibieron (como ocurrió con el primer siervo) y rehúsan perdonar a sus hermanos, Dios hace que sufran tales molestias como el estrés, privaciones, cargos de conciencia y otras pruebas hasta que confronten el pecado. Santiago dice: "Porque juicio sin misericordia se hará con aquel que no hiciere misericordia; y la misericordia triunfa sobre el juicio" (Stg. 2:13).

Los cristianos siempre debemos reflejar el perdón de Dios porque hemos experimentado el mismo perdón.

Creo que la lección de la parábola es clara: Cualquier creyente que ofende a otro creyente ha ofendido a Dios mucho más, y Dios le ha perdonado. El creyente ofendido, por lo tanto, debe estar siempre dispuesto a perdonar al hermano o hermana que pecó contra él y que le pide que lo perdone. Los cristianos siempre debemos reflejar el perdón de Dios porque hemos experimentado el mismo perdón.

El perdón genuino, sin embargo, no excusa el mal hecho por otros. La compasión y la misericordia no racionalizarán una ofensa, sino que siempre la llamarán por su nombre. Pero al confrontar un pecado, el creyente perdonador eliminará la amargura y todo otro sentimiento negativo que solo puede aumentar el pecado en vez de eliminarlo. Entonces él o ella puede, confiada y sinceramente, hacer la conocida oración: "Y perdónanos nuestras deudas, como también nosotros perdonamos a nuestros deudores" (Mt. 6:12).

La bendición del perdón

"Bienaventurados los misericordiosos", dijo nuestro Señor, "porque ellos alcanzarán misericordia" (Mt. 5:7). Si queremos disfrutar de los beneficios del perdón de Dios hacia nosotros, debemos estar dispuestos a perdonar a otros creyentes, incluso a esos que constantemente pecan contra nosotros. O podemos expresar ese principio más directamente, es decir, Dios no perdona a quienes no perdonan a otros (Mt. 6:15).

Eso no significa que una actitud no perdonadora anula la salvación de un creyente. En el alcance eterno de las cosas, Dios perdona todos los pecados de quienes están en Jesucristo. Pero una actitud que rehúsa perdonar a otros creyentes robará a un cristiano el gozo, la paz, la comunión y la eficacia en la iglesia. Ese es el principio al que Juan 13:9-10 se refiere: "Le dijo Simón Pedro: Señor, no solo mis pies, sino también las manos y la cabeza. Jesús le dijo: El que está lavado, no necesita sino lavarse los pies, pues está todo limpio; y vosotros limpios estáis, aunque no todos". La cuestión no es ser limpio o salvo, sino tratar de eliminar el pecado diario para que podamos tener una comunión adecuada.

Si somos justificados, poseemos el perdón eterno, y eso resuelve la cuestión de la bendición futura. Pero el perdón temporal, dado y recibido, es una parte necesaria del proceso de nuestra santificación y determina si hemos de disfrutar o no de la bendición presente. Si no perdonamos a otros creyentes regular y constantemente, Dios no nos extenderá el perdón temporal. Como resultado, renunciaremos a nuestra bendición presente y sufriremos la disciplina divina. Como vimos en la parábola del siervo malvado en Mateo 18, Dios disciplina a los creyentes que no perdonan a otros cristianos, a veces hasta el extremo de la muerte.

En mis muchos años como pastor he descubierto que los cristianos que no poseen el gozo, ni el poder ni la eficacia en su andar, con frecuencia manifiestan una actitud no perdonadora. Dios retiene su bendición debido al espíritu amargado, rencoroso y terco de la vida de cada uno de ellos.

Hay personas no perdonadoras que han venido a mí en busca de consejo y expresan su ira, frustración y confusión a causa de las dificultades que experimentaban. En esos casos les hago generalmente estas preguntas: ¿Qué piensas que el Señor quiere hacer en tu vida? ¿Podría haber alguna razón de por qué estás experimentando esas dificultades? La razón de mis preguntas es que esas personas necesitan examinar su corazón, porque esa es la raíz de su ira y amargura. Los desafío a pensar si sus actitudes no perdonadoras están causando su disciplina. Les recuerdo que los creyentes debemos perdonar porque es ahí cuando mejor reflejamos el corazón del Padre celestial.

En Mateo 5:23-24, Jesús enseña: "Por tanto, si traes tu ofrenda al altar, y allí te acuerdas de que tu hermano tiene algo contra ti, deja allí tu ofrenda delante del altar, y anda, reconcíliate primero con tu hermano, y entonces ven y presenta tu ofrenda".

El significado de la enseñanza de nuestro Señor no podría ser más claro. Un rencor escondido necesita ser resuelto y debe haber reconciliación antes de poder rendir verdadera adoración a Dios. Debemos hacer todo lo posible para resolver cualquier enojo, amargura y resentimiento que alberguemos hacia algún hermano o hermana en Cristo o que alguno tenga contra nosotros. De otro modo, no estamos preparados para venir delante de Dios o de participar de la Cena del Señor. Es por eso que la actitud de perdonar es tan crítica en la vida de la iglesia.

Para ayudarte a guardar tu corazón contra la tendencia de no perdonar a otros creyentes, recuerda esta oración:

Oh, Dios, dame un corazón perdonador, para tener comunión contigo en la plenitud del compañerismo y el gozo, y que no experimente la disciplina que viene cuando tú no me perdonas porque yo no perdono a un hermano o hermana en Cristo. Que yo pueda recordar que, por cada uno que peca contra mí, yo he pecado muchas veces contra ti. Tú siempre me has perdonado. En ningún momento, ninguno de mis pecados me ha hecho perder mi salvación eterna. Por lo tanto, el pecado de nadie debería causarle la pérdida de mi amor y mi misericordia hacia él. Amén.

GUÍA DE ESTUDIO

Capítulo 7
La bendición del perdón

Resumen del capítulo

Nunca mostraremos un carácter más piadoso que cuando obedecemos el mandamiento de Dios de perdonar las ofensas de otros creyentes, así como Dios ha perdonado nuestras ofensas contra Él.

Para comenzar (escoge una)

1. ¿Qué clase de comportamiento común de otras personas te irrita más o te impacienta? ¿Por qué? ¿Cuál es tu reacción normal? ¿Cómo debe eso cambiar o mejorar?
2. Aparte de tu conversión: ¿qué momento de tu vida recuerdas mejor cuando alguien te ofreció perdón, misericordia o gracia? Describe lo que sucedió y por qué seleccionaste ese ejemplo.

Contesta estas preguntas

1. ¿Cómo se identifica Pablo a sí mismo en Romanos 7:24 y 1 Timoteo 1:15?
2. ¿Qué dicen los Salmos y los profetas mayores con respecto al perdón de Dios? Cita por lo menos cuatro referencias.
3. ¿De qué manera es el hijo pródigo un ejemplo de muchos jóvenes hoy? ¿Qué esperaba él de su padre?
4. ¿De qué manera es análogo el encuentro del padre y el hijo en la parábola del hijo pródigo con el encuentro de Dios con el pecador arrepentido?
5. ¿Qué representa la enorme deuda en Mateo 18:24?

6. ¿De qué manera los inconversos hacen uso indebido y desperdician su mayordomía de la vida?

7. ¿Por qué sí (o por qué no) y cómo deben (o no deben) todos los pecadores responder como lo hizo el primer siervo en Mateo 18:23-25?

8. ¿Cómo podría el Señor disciplinarnos si rehusamos perdonar? ¿Cómo está eso relacionado con la lección de Mateo 18?

9. ¿Qué mezcla equilibrada de actitudes implica el verdadero perdón con respecto a los pecados de otros?

10. ¿Qué clase de bendiciones de Dios pierde un cristiano que rehúsa perdonar?

Céntrate en la oración

- Aparta algún tiempo para examinar tu corazón y ver si posees la actitud correcta de perdón hacia otros creyentes. Si el Señor revela alguna deficiencia, pídele perdón y ora para que puedas corregirla.

- Da gracias a Dios de que su generoso y misericordioso perdón de los pecados de todos los creyentes te incluye también a ti.

Aplicación de la verdad

Dependiendo de qué es más aplicable y provechoso para tu situación presente, memoriza el Salmo 32:1-2 o Efesios 4:32.

8

Razón suficiente para regocijarse

Todo ser humano tiene un deseo básico de estar gozoso, y parece que todos los otros deseos fluyen de ahí y directa o indirectamente sirven a esa necesidad fundamental. Las personas consumen ciertos alimentos y bebidas por el placer que obtienen de ellos. Muchas personas procuran ganar dinero y posesiones materiales porque creen que esas cosas les producirán gozo. La mayoría de las personas buscan prestigio, poder y éxito porque piensan que eso les producirá gozo. Pero el disfrute de esas cosas es temporal y decepcionante. El gozo verdadero y perdurable solo viene cuando los creyentes, por fe, por medio de la gracia, confían en Jesucristo como Señor y Salvador, y se apropian de las verdades de su reino.

La naturaleza del verdadero gozo se hace patente cuando contrastamos las definiciones de dicho vocablo. Su significado primario, según el diccionario castellano, es: "Una emoción causada por la contemplación de algo que nos gusta o por la esperanza de obtener cosas halagüeñas y apetecibles". Implícitas en esa definición están todas las satisfacciones egocéntricas, temporales e insatisfactorias antes mencionadas.

Ahora considera la definición bíblica de gozo. El vocablo griego (*jará*) se usa setenta veces en el Nuevo Testamento, y siempre representa un sentimiento de felicidad que está basado en realidades espirituales. En esos contextos, el gozo no es algo que simplemente se experimenta como resultado de circunstancias favorables ni tampoco una emoción humana divinamente estimulada. Más bien, es un don sobrenatural de Dios para los creyentes. A eso se refería Nehemías cuando dijo: "el gozo de Jehová es nuestra fuerza" (Neh. 8:10).

El gozo espiritual no es solo un don de Dios, sino también un mandato para todos aquellos que le conocen.

El gozo espiritual no es solo un don de Dios, sino también un mandato para todos aquellos que le conocen: "Regocijaos en el Señor siempre. Otra vez digo: ¡Regocijaos!" (Fil. 4:4; cf. 1 Ts. 5:16). Igual que otras características de la vida cristiana (ser llenos del Espíritu Santo, comprender nuestra unidad espiritual, etc.), los creyentes no necesitan inventar el gozo ni utilizar toda clase de artilugios para encontrarlo. Sencillamente, necesitan dar gracias al Señor por el don y deleitarse en las maravillosas bendiciones que el gozo ya brinda (cf. Ro. 14:17).

El gozo: un mandato repetido

Debido a que Dios manda a los creyentes tener gozo, es fácil comprender que el gozo es otro pilar fundamental o actitud del carácter cristiano. El mundo pecaminoso en el que vivimos nos ofrece suficientes razones para estar afanosos, turbados, preocupados y temerosos, pero ninguno de esos factores negativos debe afectarnos seriamente. Eso se debe a que el Nuevo Testamento está repleto de exhortaciones e instrucciones respecto al gozo. Tan solo en Filipenses se menciona diecisiete veces. Ya hemos notado el mandamiento básico del apóstol Pablo en Filipenses 4:4, pero también habla del gozo en estos versículos clave:

> Y confiado en esto, sé que quedaré, que aún permaneceré con todos vosotros, para vuestro provecho y *gozo* de la fe (Fil. 1:25).

completad mi *gozo,* sintiendo lo mismo, teniendo el mismo amor, unánimes, sintiendo una misma cosa (Fil. 2:2).

Y aunque sea derramado en libación sobre el sacrificio y servicio de vuestra fe, me *gozo y regocijo* con todos vosotros. Y asimismo *gozaos y regocijaos* también vosotros conmigo (Fil. 2:17-18).

Por lo demás, hermanos, *gozaos* en el Señor... (Fil. 3:1).

En gran manera *me gocé* en el Señor... (Fil. 4:10).

A la luz de semejante énfasis en el gozo, es correcto afirmar que ninguna circunstancia ni acontecimiento jamás debe disminuir el gozo en la vida de un creyente. Eso podría parecer ridículo o imposible, especialmente ante las realidades de la vida diaria. Pero se basa en la verdad de las Escrituras. El text to 1 Tesalonicenses 5:16 es muy concisa, directa e ineludible: "Estad siempre gozosos". Y Pablo mismo practicó ese mandamiento, reconociendo que, aunque enfrentó muchos contratiempos, estaba siempre gozoso (2 Co. 6:10). El apóstol Pedro también afirma esa premisa: "sino gozaos por cuanto sois participantes de los padecimientos de Cristo, para que también en la revelación de su gloria os gocéis con gran alegría" (1 P. 4:13).

Muchos otros textos del Nuevo Testamento refuerzan la verdad de que ninguna cantidad de adversidad o dificultad debería afectar la actitud de gozo de un creyente. El mismo Señor Jesús subrayó la importancia del gozo cuando enseñó a los discípulos en el aposento alto, justamente antes de su propio sufrimiento y muerte. El gozo era un componente esencial del legado que nos dejó:

Estas cosas os he hablado, para que mi *gozo* esté en vosotros, y vuestro *gozo* sea cumplido (Jn. 15:11).

También vosotros ahora tenéis tristeza; pero os volveré a ver, y se *gozará* vuestro corazón, y nadie os quitará vuestro *gozo* (Jn. 16:22).

Hasta ahora nada habéis pedido en mi nombre; pedid, y recibiréis, para que vuestro *gozo* sea cumplido (Jn. 16:24).

Pero ahora voy a ti; y hablo esto en el mundo, para que tengan mi *gozo* cumplido en sí mismos (Jn. 17:13).

Si lees todo el contexto de Juan 13–17, verás que, en medio de las aterradoras circunstancias de la cercana muerte del Señor, los Doce pronto serían dejados en el mundo para enfrentarse a las persecuciones, sufrimientos y a la misma muerte. Pero el Señor nunca vaciló en decirles que tendrían gozo constante.

Sin embargo, las palabras de Jesús en su mensaje en el aposento alto no deben sorprendernos porque, al principio de su ministerio, Él enseñó que ni las pruebas ni las adversidades deben disminuir el sentido de gozo del creyente. Mateo 5:11-12: "Bienaventurados sois cuando por mi causa os vituperen y os persigan, y digan toda clase de mal contra vosotros, mintiendo. Gozaos y alegraos, porque vuestro galardón es grande en los cielos; porque así persiguieron a los profetas que fueron antes de vosotros". Lucas registra mucho del mismo mensaje: "Bienaventurados seréis cuando los hombres os aborrezcan, y cuando os aparten de sí, y os vituperen, y desechen vuestro nombre como malo, por causa del Hijo del Hombre. Gozaos en aquel día, y alegraos, porque he aquí vuestro galardón es grande en los cielos; porque así hacían sus padres con los profetas" (Lc. 6:22-23).

Eso, no obstante, todavía deja sin contestar la pregunta: ¿Cómo es posible responder con gozo a cada situación difícil? El apóstol Santiago es instructivo al respecto cuando dice: "Hermanos míos, tened por sumo gozo cuando os halléis en diversas pruebas, sabiendo que la prueba de vuestra fe produce paciencia" (Stg. 1:2-3).

Debemos ser más felices en nuestros tiempos de pruebas que en nuestros tiempos buenos porque las pruebas siempre son más espiritualmente productivas y purificadoras. Es más probable que estas nos despojen de nuestro egocentrismo y de nuestro orgullo y nos convenzan de que no tenemos el control de todo. Llegamos a depender mucho más del Señor durante los tiempos de prueba, y eso mejora nuestra vida de oración y nos ayuda a ser más sensibles hacia los sufrimientos de Cristo y también hacia los de otros creyentes. Santiago considera esa clase de efecto "la obra perfecta" de la paciencia que nos hace ser "perfectos [maduros] y cabales, sin que [nos] falte cosa alguna" (Stg. 1:4).

Debemos ser más felices en nuestros tiempos de pruebas que en nuestros tiempos buenos porque las pruebas siempre son más espiritualmente productivas y purificadoras.

No obstante, el llamado a regocijarse en todo tiempo y en cualquier circunstancia no significa que no hay tiempos cuando es del todo correcto refrenarse de expresiones externas de gozo. Es legítimo para nosotros que en momentos apropiados nos identifiquemos con emociones humanas normales, tal como Pablo nos anima en Romanos 12:15 cuando dice: "Gozaos con los que se gozan; llorad con los que lloran". Hay algo bueno y beneficioso para nosotros y para los que ministramos cuando legítimamente derramamos lágrimas y mostramos compasión hacia los que sufren pena y dolor. Sin embargo, eso no debe perturbar ni disminuir el sentido de gozo interno y permanente del cristiano.

Pablo expresa el equilibrio adecuado cuando dice: "Como entristecidos, más siempre gozosos" (2 Co. 6:10). Hay lugar para la compasión y la tristeza humana normal, pero siempre deben ir acompañadas de un corazón que se regocija. Debajo de las emociones externas del llanto, y la tristeza y la expresión de compasión, el creyente siempre tendrá un genuino gozo espiritual, una actitud que solo Dios puede dar.

La superioridad del verdadero gozo

Como se ha expresado al comienzo de este capítulo, el gozo del mundo es inferior al gozo verdadero que Dios tan bondadosamente nos da a los creyentes y nos manda expresarlo. En pocas palabras, el gozo del mundo se deriva de los placeres terrenales pasajeros. La Biblia pone cuidado en identificar el gozo del mundo y advierte de sus peligros y de sus insuficiencias.

La inferioridad del gozo del mundo

El escritor de Eclesiastés habla de su insensatez al ser atrapado en el gozo terrenal: "No negué a mis ojos ninguna cosa que desearan, ni aparté mi corazón de placer alguno, porque mi corazón gozó de todo mi trabajo; y esta fue mi parte de toda mi faena. Miré yo luego todas las obras que habían hecho mis manos, y el trabajo que tomé para hacerlas; y he aquí, todo era vanidad y aflicción de espíritu, y sin provecho debajo del sol" (Ec. 2:10-11). Luego, en Eclesiastés 11:9, el Predicador declara el disgusto de Dios contra ese desenfreno: "Alégrate, joven, en tu juventud, y tome placer tu corazón en los días de tu adolescencia; y anda en los caminos de tu corazón y en la vista de tus ojos; pero sabe, que sobre todas estas cosas te juzgará Dios" (cf. Ec. 7:6: Is. 16:10; Stg. 4:9).

Paralelamente con ese juicio, el gozo del mundo puede ser muy engañoso: "Hay camino que al hombre le parece derecho; pero su fin es camino de muerte. Aun en la risa tendrá dolor el corazón; y el término de la alegría es congoja" (Pr. 14:12-13). Las personas constantemente quieren cosas, e impulsivamente se apuran para cumplir esos deseos solo para descubrir que su gozo pronto se convierte en pena. El gozo terrenal no dura más allá de los placeres a corto plazo. Es por eso que Job hace esta pregunta directa: "¿No sabes esto, que así fue siempre, desde el tiempo que fue puesto el hombre sobre la tierra, que la alegría de los malos es breve, y el gozo del impío por un momento?" (Job 20:4-5).

Gratitud en medio del gozo verdadero

En contraste con el gozo terrenal, el verdadero gozo espiritual del creyente es sobrenatural. El gozo bíblico es sumamente superior al gozo mundano y a cualquiera de sus explicaciones psicológicas y materialistas. En Gálatas 5:22, el apóstol Pablo identifica el gozo como un aspecto del fruto del Espíritu. En Romanos 14:17 amplía la definición del gozo como un componente esencial del reino de Dios. Es un gozo espiritual que procede de Dios a través de Jesucristo, concedido por el Espíritu Santo. Y ninguna circunstancia en la vida, excepto cuando pecamos, debe quitarnos legítimamente nuestro gozo si de verdad conocemos y confiamos en el Señor. Aun cuando el pecado nos roba el gozo, esa experiencia no debe durar mucho porque tan pronto como confesamos nuestro pecado, Dios permite que nos gocemos en su perdón (1 Jn. 1:9).

Debido a que el verdadero gozo nos da la confianza de que Dios está soberanamente manifestando todas las cosas para nuestro bien y para su gloria, tenemos abundantes razones para regocijarnos y dar gracias al Señor por lo que está haciendo en nuestra vida. Las siguientes son algunas de las razones por las que quienes conocemos a Cristo debemos regocijarnos constantemente.

Primero, debemos tener gozo porque *el gozo es un acto de respuesta adecuada al carácter de Dios.* El gozo se origina porque sabemos que Dios es soberano, misericordioso, amante, compasivo, bondadoso, omnipotente, omnisciente y omnipresente. Puesto que Él procura nuestro bienestar, podemos tener confianza en medio de todas las cosas que Él pone en nuestro camino. Eso se basa en un conocimiento profundo y sincero de Dios que se percata de que cuando las personas hacen las cosas para mal, Dios las encamina para bien (Gn. 50:20). Tenemos la confianza de que Él obra todas las cosas para el bien de los que le aman (Ro. 8:28). No podemos gozarnos siempre solo en nuestras circunstancias, pero sí podemos regocijarnos siempre en el Dios que controla nuestras circunstancias.

Nuestro gozo en el carácter de Dios es acrecentado porque su carácter es inmutable. En verdad sería aterrador si Dios fuera caprichoso y jamás pudiéramos confiar en sus palabras y acciones. Pero Dios no es así. Su gracia es siempre dispensada de manera congruente. Su justicia es siempre correcta e imparcial. Siempre cumple lo que promete. Santiago 1:17 nos asegura esas verdades: "Toda buena dádiva y todo don perfecto desciende de lo alto, del Padre de las luces, en el cual no hay mudanza, ni sombra de variación".

> *Podemos regocijarnos siempre en el Dios que controla nuestras circunstancias.*

En segundo lugar, los cristianos debemos regocijarnos porque *el gozo es una respuesta apropiada a la obra de Cristo*. Al recordar que "siendo aún pecadores, Cristo murió por nosotros" (Ro. 5:8), debemos inmediatamente alabarlo y darle las gracias con un corazón gozoso. Es importante recordar las palabras de Pedro: "sabiendo que fuisteis rescatados de vuestra vana manera de vivir, la cual recibisteis de vuestros padres, no con cosas corruptibles, como oro o plata, sino con la sangre preciosa de Cristo, como de un cordero sin mancha y sin contaminación" (1 P. 1:18-19) y que Cristo es "quien llevó él mismo nuestros pecados en su cuerpo sobre el madero, para que nosotros, estando muertos a los pecados, vivamos a la justicia; y por cuya herida fuisteis sanados" (1 P. 2:24), y que "la sangre de Jesucristo su Hijo nos limpia de todo pecado" (1 Jn. 1:7), y que Dios lo planeó todo "según nos escogió en él antes de la fundación del mundo, para que fuésemos santos y sin mancha delante de él, en amor habiéndonos predestinado para ser adoptados hijos suyos por medio de Jesucristo, según el puro afecto de su voluntad"

(Ef. 1:4-5). Cuando entendemos todo lo que Cristo ha hecho por nosotros y que el cielo es eternamente nuestro, tenemos un gozo permanente que ninguna circunstancia trivial y pasajera debe afectar.

En tercer lugar, debemos tener un gozo espiritual incesante *como una demostración de confianza en la obra del Espíritu Santo*. Además de darnos el don del gozo (Ro. 14:17; Gá. 5:22), el Espíritu constantemente nos está mostrando las cosas de Cristo y haciéndonos más semejantes al Salvador: "Por tanto, nosotros todos, mirando a cara descubierta como en un espejo la gloria del Señor, somos transformados de gloria en gloria en la misma imagen, como por el Espíritu del Señor" (2 Co. 3:18). En nuestra propia fuerza y sabiduría no podemos conocer la mente de Dios, pero el Espíritu que vive en nosotros (Ro. 8:9-10) nos ayuda a comprender las cosas espirituales (1 Co. 2:10-16). El Espíritu Santo nos guía a toda la verdad (Jn. 16:13) y nos enseña y nos recuerda todo lo que necesitamos saber en la vida cristiana (Jn. 14:26). El Espíritu es la paga y señal, el primer plazo de nuestra herencia eterna (Ef. 1:13-14). Y tenemos la confianza de que cada día Él intercede delante del trono de la gracia en nuestro beneficio (Ro. 8:26-27).

En cuarto lugar, debemos tener gozo porque es *una respuesta razonable a las continuas bendiciones espirituales*. El derramamiento de Dios de las bendiciones espirituales para los creyentes jamás se detiene, como lo señala Efesios 1:3 cuando dice: "Bendito sea el Dios y Padre de nuestro Señor Jesucristo, que nos bendijo con toda bendición espiritual en los lugares celestiales en Cristo".

Puede ser que no sintamos siempre que nuestra vida es especialmente bendecida día tras día, pero si tan solo nos detenemos y consideramos algunas de las maneras en las que el Señor es bueno con nosotros, no podremos dejar de regocijarnos. Por ejemplo, cada vez que pecamos, esa falta es perdonada al instante. Cada vez que Dios nos refina mediante las pruebas, nos expone a la enseñanza bíblica sólida y nos moldea más según la imagen de Cristo, debe ser una razón para que lo alabemos. Cada vez que Dios nos hace andar seguros un día más y nos libra de algún terrible desastre o de extremada agonía, experimentamos la bendición de su misericordia. Dios también está planificando bendiciones futuras, como la de preparar un lugar para nosotros en el cielo (Jn. 14:2-3).

Todos los innumerables favores, visibles e invisibles, que Dios hace por nosotros a lo largo de nuestra vida son evidencias de que sus hijos son abundantemente bendecidos. Y esas bendiciones significan que debemos expresar verdadero gozo espiritual cada día y nunca darlas por sentado ni cuestionar sus beneficios en ayudarnos a crecer.

Cuando entendemos todo lo que Cristo ha hecho por nosotros y que el cielo es eternamente nuestro, tenemos un gozo permanente que ninguna circunstancia trivial y pasajera debe afectar.

Una quinta razón para manifestar gozo es que este es *una respuesta adecuada a la providencia de Dios.* La providencia divina es simplemente la manera en que Dios organiza todas las circunstancias para realizar el mayor bien para los creyentes. Es, de lejos, el método más común que usa para ordenar y controlar los sucesos humanos temporales. Cuando consideramos que Dios produce millones de detalles y de situaciones para realizar su propósito perfecto, el vasto espectro de la providencia es un milagro mucho más grande que esos acontecimientos sobrenaturales aislados que generalmente llamamos milagros.

¡Qué confianza tan firme y cuán profunda es nuestra seguridad al saber que el Señor, a través de todas las infinitas contingencias, soberanamente controla todo el universo! Además, Él también misericordiosamente controla todos los sucesos específicos en nuestra vida personal que continuamente renuevan nuestra fe y nuestro gozo en Él.

En sexto lugar, los cristianos debemos tener gozo porque este es *una respuesta adecuada a la promesa de la gloria futura.* Como señalé en la introducción a mi libro *La gloria del cielo* (Grand Rapids, MI: Editorial Portavoz, 1997), los creyentes de hoy no están suficientemente cautivados con la perspectiva del gozo de que un día entrarán en el cielo y habitarán en su gloria por toda la eternidad. Nos acomodamos tanto con los goces temporales de esta vida o quedamos tan sumidos en sus dificultades, que nos olvidamos de que no somos más que peregrinos esperando: "la ciudad [el cielo] que tiene fundamentos, cuyo arquitecto y constructor es Dios" (He. 11:10; cf. 13:14).

Una vez que nos acostumbramos a permanecer regularmente en las glorias de lo que está por venir, los problemas y las luchas de la vida, incluyendo las cuestiones triviales diarias, todas ellas, en comparación se disuelven en la insignificancia (cf. Ro. 8:18). Cuando el apóstol Pablo nos dice en Colosenses 3:2: "Poned la mira en las cosas de arriba, no en las de la tierra", su propósito es que sea un ejercicio gozoso que libere nuestra mente de toda la bagatela debilitadora de la tierra, cosas que, de todos modos, no son importantes para la eternidad. Esas preocupaciones temporales jamás deben ahogar nuestro gozo espiritual.

Durante el tiempo en que mi hermana sufría de cáncer mortal (pasó a la presencia del Señor en el 1997 y ahora conoce personalmente el gozo del cielo), nos hablábamos frecuentemente por teléfono. En una de esas llamadas hace varios años, le dije: "Bien, Julie, lo peor que te puede suceder es lo mejor que le puede pasar a cualquier persona". Ella contestó: "Lo sé, jamás lo he dudado".

Entonces añadí: "¿Sabes que vas a estar en la presencia del Señor, en las glorias del cielo?".

A eso, ella respondió: "Y esa es mi confianza". Entonces me dijo que aquel día el hospital había enviado a un psiquiatra y a alguien más para decirle que querían ponerla en un grupo de terapia especial. Esperaban ayudarla a ponerse en contacto con su "niña interior".

Mi hermana reaccionó frente a esa idea diciéndole al personal del hospital: "No, gracias, no necesito ponerme en contacto con mi niña interior. Estoy en contacto con mi Señor Jesucristo, y todo está bien".

Podemos enfrentarnos a cualquier situación con esa clase de esperanza en nuestro corazón. Sencillamente no debemos turbarnos demasiado con respecto a cualquier cosa que nos sucede en la tierra porque aquí todo es tan temporal. Los sucesos de esta vida hacen que el cielo sea más atractivo y maravilloso.

Una séptima razón por la que debemos tener gozo es porque *eso demuestra gratitud por las oraciones contestadas.* Jesús dijo: "Hasta ahora nada habéis pedido en mi nombre; pedid, y recibiréis, para que vuestro gozo sea cumplido" (Jn. 16:24). El Señor siempre ha contestado nuestras peticiones e intercesiones de maneras totalmente consonantes con su voluntad (1 Jn. 5:14-15). Lo ha hecho en innumerables ocasiones para que por todas nuestras oraciones contestadas, y por las que no han sido contestadas, nuestro gozo esté intacto.

Además, el verdadero gozo demuestra *una gratitud genuina y un verdadero aprecio por la Palabra de Dios.* Al final del capítulo 6 expusimos cuán valiosa es la Biblia para nuestro crecimiento espiritual. Esa verdad debe protegernos de jamás abandonar nuestra actitud de gozarnos delante del Señor. Su bondad y misericordia al darnos la Palabra deben hacernos repetir las palabras de David: "Los mandamientos de Jehová son rectos, que alegran el corazón; el precepto de Jehová es puro, que alumbra los ojos" (Sal. 19:8, cf. Sal. 119:14, 24, 70, 97, 103, 111, 127, 140, 162). El profeta Jeremías expresó sentimientos similares, que deben animarnos aún más a agradecer la verdad de Dios: "Fueron halladas tus palabras, y yo las comí; y tu palabra me fue por gozo y por alegría de mi corazón; porque tu nombre se invocó sobre mí, oh Jehová Dios de los ejércitos" (Jer. 15:16).

El Nuevo Testamento también da testimonio del gozo que debe ser nuestro en respuesta a la Palabra de Dios. El apóstol Juan, en la introducción a su primera epístola, dice: "Estas cosas os escribimos, para que vuestro gozo sea cumplido" (1 Jn. 1:4). Juan sabía que las Escrituras producirían el aprecio y el gozo más profundo en sus lectores al agradecer al Señor por todo lo que Él les ha dado. Finalmente, *el aprecio por la comunión cristiana* debe siempre producir gozo en nosotros. Pablo dijo a los tesalonicenses: "Por lo cual, ¿qué acción de gracias podremos dar a Dios por vosotros, por todo el gozo con que nos gozamos a causa de vosotros delante de nuestro Dios…?" (1 Ts. 3:9).

¿Qué sucede si falta el gozo?

A pesar de todas las razones bíblicas para obedecer el mandato de Dios a regocijarse sinceramente en todo momento, todos los creyentes experimentaremos momentos cuando nos faltará el gozo en nuestra vida. Pablo manda a todos los creyentes, diciendo: "Examinaos a vosotros mismos si estáis en la fe; probaos a vosotros mismos. ¿O no os conocéis a vosotros mismos, que Jesucristo está en vosotros, a menos que estéis reprobados?" (2 Co. 13:5). Si el gozo está ausente de tu vida, hay numerosas maneras de descubrir las razones.

Primero, podría ser que *no conoces al Señor*. Podrías estar confiando en una falsa seguridad de salvación. Eso es lo que Jesús dijo a los discípulos cuando interpretó la parábola del sembrador: "Y el que fue sembrado en pedregales, este es el que oye la palabra, y al momento la recibe con gozo; pero no tiene raíz en sí, sino que es de corta duración, pues al venir la aflicción o la persecución por causa de la palabra, luego tropieza" (Mt. 13:20-21; cf. vv. 5-6). Algunas veces, cuando las personas oyen el evangelio por primera vez, hay un sentido emocional de gozo inmediato y un realce psicológico, pero eso no dura. Si una persona lucha constantemente por tener gozo y es incapaz de controlar los desafíos de la vida, podría ser que realmente no conoce a Cristo. De ser así, necesitas prestar atención al mandamiento de Pablo en 2 Corintios 13:5, arrepentirte y creer.

En segundo lugar, puedes estar falto de gozo porque *estás bajo una muy severa tentación*. El apóstol Pedro escribe: "Sed sobrios, y velad; porque vuestro adversario el diablo, como león rugiente, anda alrededor buscando a quien devorar" (1 P. 5:8). Nada agrada más a Satanás que ser capaz de robarte el gozo en momentos de severa tentación. La solución es no permitir que tus preocupaciones se conviertan en tentaciones: "echando toda vuestra ansiedad sobre él, porque él tiene cuidado de vosotros" (1 P. 5:7).

A veces no tienes gozo porque *albergas expectativas falsas e irreales*. Con frecuencia, los cristianos pensamos que merecemos más bendiciones de las que tenemos, cuando en realidad ya tenemos muchas más de las que merecemos. Antes de venir a Cristo, como todos los pecadores perdidos, merecíamos la ira de Dios y una eternidad en el infierno. "Mas Dios muestra su amor para con nosotros, en que siendo aún pecadores, Cristo murió por nosotros. Pues mucho más, estando ya justificados en su sangre, por él seremos salvos de la ira" (Ro. 5:8-9). Los que no merecemos nada tenemos razones de sobra para regocijarnos y estar agradecidos por las muchas bendiciones que el Señor nos da.

Las falsas expectativas están directamente relacionadas con el orgullo, y *el pecado del orgullo* es otra razón común por la que podrías no experimentar el gozo. Más concretamente, me refiero al horrible pecado de la insatisfacción con tus posesiones. La cultura occidental, con su énfasis en el materialismo y la avaricia promueve esta mentalidad. Los modelos atractivos aparecen en los comerciales televisivos y te hacen sentir infeliz con tu propia imagen o la de tu cónyuge. Los anunciantes promocionan sus automóviles, sus equipos electrónicos, sus vacaciones y los electrodomésticos en un intento por hacer que te sientas insatisfecho con lo que tienes ahora, o con lo que no tienes.

Nuestro orgullo, si no se controla, puede hacer que nos rindamos ante las influencias mundanas. Entonces nos impulsará a ir en pos de cosas temporales, y terminaremos renunciando a nuestro gozo y a nuestro contentamiento cambiándolo por la frustración y la insatisfacción.

La falta de oración también nos puede robar el gozo. Si dejas de prestar atención a 1 Pedro 5:7 cuando enfrentas pruebas y dificultades, da por seguro que perderás el sentido del gozo que Dios quiere que tengas. Sencillamente, no necesitas llevar la totalidad de la carga sobre ti mismo: "Por nada estéis afanosos, sino sean conocidas vuestras peticiones delante de Dios en toda oración y ruego, con acción de gracias. Y la paz de Dios, que sobrepasa todo entendimiento, guardará vuestros corazones y vuestros pensamientos en Cristo Jesús" (Fil. 4:6-7).

Con frecuencia, los cristianos pensamos que merecemos más bendiciones de las que tenemos, cuando en realidad ya tenemos muchas más de las que merecemos.

Joseph Scriven, en la primera estrofa de su conocido himno "Oh que amigo nos es Cristo", expresa acertadamente la importancia de la oración y destaca lo que sucede cuando esta falta:

¡Oh qué amigo nos es Cristo! Él llevó nuestro dolor,
Él nos manda que llevemos todo a Dios en oración.
¿Vive el hombre desprovisto de paz, gozo y santo amor?
Esto es porque no llevamos todo a Dios en oración.

Finalmente, el principal contribuyente a la falta de gozo es *la ignorancia*. Si verdaderamente estás creciendo en Cristo tendrás verdadero gozo espiritual. Por otro lado, si vives mediante impulsos y sentimientos subjetivos, tendrás gran dificultad en mantener el gozo. Es imperativo que controles tus emociones, y eso puede suceder solo cuando llenes tu mente de sana doctrina, la creas de todo corazón y camines conforme al Espíritu Santo.

El mundo se deleita en actuar sobre la base de lo que produce placer. Pero el Señor tiene un criterio mucho más elevado para los creyentes, como lo expresa el apóstol Pablo: "No os conforméis a este siglo, sino transformaos por medio de la renovación de vuestro entendimiento, para que comprobéis cuál sea la buena voluntad de Dios, agradable y perfecta" (Ro. 12:2). Cuando eso es verdad, responderemos gozosa e inteligentemente a todo lo que el Señor tiene para nosotros.

Si nuestra mente está plena y constantemente informada de la verdad de Dios, y si adoptamos un hábito pequeño, pero significativo de la iglesia primitiva, indudablemente seríamos más conscientes de la importancia del gozo. El saludo acostumbrado entre los creyentes de la iglesia primitiva era la expresión griega *jaírete*, que literalmente significa "regocíjate". Jesús dio origen a ese saludo la mañana de la resurrección, cuando se encontró con algunas de las mujeres que acababan de oír la noticia de su resurrección de los muertos: "he aquí, Jesús les salió al encuentro, diciendo: ¡Salve [regocijaos]! Y ellas, acercándose, abrazaron sus pies, y le adoraron" (Mt. 28:9). Ese ciertamente era el saludo apropiado porque el Señor buscaba consolar y animar a sus seguidores con su presencia, que era una clara e irrefutable evidencia de su resurrección.

"Regocijaos", algo que entre los creyentes es un saludo mucho más significativo que el rutinario "hola" o "buenos días", se convirtió en la forma común de saludar de los cristianos de la iglesia primitiva. Se dieron cuenta de que el gozo era un mandamiento, y siempre había una razón para regocijarse a medida que la iglesia crecía y maduraba. Con todas las riquezas que son nuestras en Cristo, también tenemos todo tipo de razón para regocijarnos. Quizá nuestro propio uso regular del saludo "regocijaos" nos haría recordar más frecuentemente el mandato bíblico de que nuestro gozo debe ser grande y siempre evidente.

Guía de estudio

Capítulo 8
Razón suficiente para regocijarse

Resumen del capítulo

Los creyentes estamos bajo la obligación de tener el verdadero gozo de Dios en todo momento y en cada situación.

Para comenzar (escoge una)

1. Explica cuál es tu "alimento de consuelo" favorito. ¿Por qué escogiste ese? ¿Es ese el que preparas cuando celebras un acontecimiento especial?

2. ¿Cuál es la ocasión más feliz que recuerdas antes de ser cristiano? ¿Y desde que viniste al Señor? ¿Cuál es la mayor diferencia en tu apreciación de los dos acontecimientos? Explica tu respuesta.

Contesta estas preguntas

1. ¿Qué está implícito en la definición del vocablo *gozo* que aparece en el diccionario?

2. ¿Qué es siempre verdad respecto al gozo según las muchas palabras griegas usadas en el Nuevo Testamento?

3. ¿Qué se dice respecto al gozo en Filipenses 4:4 y 1 Tesalonicenses 5:16?

4. A la luz de los diferentes pasajes bíblicos acerca del gozo: ¿qué debería ser verdad del cristiano respecto a las dificultades de la vida?

5. ¿Por qué los tiempos de prueba deberían hacernos más felices que los tiempos fáciles? Apoya tu respuesta con la Biblia.

6. ¿Hay lugar para las emociones externas de dolor y tristeza? ¿Cómo deben relacionarse con el gozo interior?

7. ¿Por qué es tan inadecuado el gozo del mundo (Pr. 14:12-13; Ec. 2:10-11)?

8. ¿Cuál es la única circunstancia en la vida que debe disminuir nuestro verdadero gozo?

9. ¿Cuál es la característica de Dios que nos da razón para el gozo en primer lugar?

10. Menciona dos referencias del Nuevo Testamento que den razones para nuestro regocijo en la obra redentora de Cristo.

11. Expresa tres razones, con apoyo bíblico, de por qué podemos tener una confianza gozosa en la obra del Espíritu Santo.

12. ¿Qué clase de cosas demuestran las continuas bendiciones de Dios a los creyentes?

13. Da una breve definición de la providencia divina.

14. ¿Cuál es la característica general de la Palabra de Dios que debe librarnos de abandonar jamás el gozo que Dios nos da?

15. ¿De qué manera las falsas expectativas y el orgullo nos roban el gozo verdadero?

16. ¿Cuál es la principal razón de que los creyentes no tengamos gozo verdadero?

17. ¿Cuál era la importancia del saludo regular entre los cristianos en la iglesia primitiva? ¿Cómo podría tal saludo servir de ayuda a los cristianos de hoy día?

Céntrate en la oración

• Dedica tiempo adicional en oración esta semana simplemente regocijándote y dando gracias a Dios por todas las verdades sobre el gozo que has aprendido en este capítulo.

• Repasa la lista de razones para la falta de gozo. Escoge una o dos que se apliquen a tu vida, y pide a Dios que te ayude a vencer esos pecados.

Aplicación de la verdad

Lee mi libro, *La gloria del cielo* (Grand Rapids, MI: Editorial Portavoz, 1997). Al leerlo, subraya los pensamientos clave y haz anotaciones al margen o toma notas aparte. Busca, especialmente, ideas sobre cómo trasladar tu atención de las preocupaciones temporales de esta vida a la perspectiva gozosa de la eternidad con Dios. Cuando hayas acabado de leer el libro, anota lo que más te ayudó y cómo eso cambiará tus actitudes y tus acciones.

9

Siempre hay lugar para la gratitud

LA INGRATITUD es una de las actitudes más horribles que una persona puede poseer. El Evangelio de Lucas establece esa idea en un fascinante pasaje que ha quedado claramente grabado en mi mente desde la primera vez que lo leí hace muchos años. Es la historia de los diez leprosos:

> Yendo Jesús a Jerusalén, pasaba entre Samaria y Galilea. Y al entrar en una aldea, le salieron al encuentro diez hombres leprosos, los cuales se pararon de lejos y alzaron la voz, diciendo: ¡Jesús, Maestro, ten misericordia de nosotros! Cuando él los vio, les dijo: Id, mostraos a los sacerdotes. Y aconteció que mientras iban, fueron limpiados. Entonces uno de ellos, viendo que había sido sanado, volvió, glorificando a Dios a gran voz, y se postró rostro en tierra a sus pies, dándole gracias; y este era samaritano. Respondiendo Jesús, dijo: ¿No son diez los que fueron limpiados? Y los nueve, ¿dónde están? ¿No hubo quien volviese y diese gloria a Dios sino este extranjero? Y le dijo: Levántate, vete; tu fe te ha salvado (Lc. 17:11-19).

En aquellos tiempos, los leprosos eran aislados en colonias, a cierta distancia de las ciudades y los pueblos, porque su terrible enfermedad era muy contagiosa. Es por eso que, en el relato de Lucas, el grupo de diez se mantenía a una distancia considerable cuando Jesús y sus acompañantes entraron en la ciudad.

El aparentemente extraño mandato de Jesús a los hombres a mostrarse al sacerdote era parte del proceso normal, como lo establece la ley de Moisés, para tratar con la lepra y en el proceso de la recuperación de esta. Cuando una persona estaba segura de que estaba curada de la enfermedad debía someterse a una ceremonia de purificación del sacerdote para asegurar, tanto como fuera posible en tiempos antiguos, que la persona en realidad estaba curada y podía reincorporarse a la sociedad normal. En este estupendo relato, la curación ocurrió milagrosa e inequívocamente cuando los hombres ejercitaron fe y fueron a ver al sacerdote.

Es casi inconcebible que alguien pudiera ser curado de una terrible enfermedad tal como la lepra, que aislaba a un hombre o una mujer de su familia y de sus amigos y lo separaba de los acontecimientos normales en la sociedad y en la sinagoga, y no sentirse abundante y permanentemente agradecido. Pero eso es exactamente lo que sucedió con nueve de los diez leprosos que Jesús sanó. Además, el hombre agradecido era un samaritano, lo que quiere decir que era del grupo étnico mestizo que se originó por la mezcla de judíos con cananeos y asirios. Los samaritanos eran despreciados por los judíos devotos y, como resultado, se había desarrollado un odio mutuo entre ambos pueblos. Así que era, en verdad, sorprendente que un samaritano fuera el único que regresara para postrarse a los pies de Jesús, un judío, y darle las gracias.

La historia de los diez leprosos es una poderosa ilustración de cuán terrible es el pecado de la ingratitud. Pero la actitud de la ingratitud exhibida por los nueve leprosos no es tan inesperada de quienes no tienen una relación salvadora con Cristo. En la acusación del apóstol Pablo a la humanidad incrédula y a su sociedad pecaminosa en Romanos 1:18-32, su inculpación es muy específica. El versículo 21 comienza con la frase "habiendo conocido a Dios", que significa que todos los que vienen a este mundo saben acerca de Dios, aun cuando no tienen una fe personal salvadora en Él. Pero a continuación Pablo dice: "no le glorificaron como a Dios, *ni le dieron gracias*". La persona ingrata repudia la noción misma de la gracia, la inmerecida bondad otorgada por Dios. De modo que la ingratitud es un pecado que caracteriza al no regenerado, y encabeza la lista de Dios de los terribles pecados en Romanos 1.

Posteriormente, Pablo reforzó esa verdad cuando le dijo a Timoteo: "También debes saber esto: que en los postreros días vendrán tiempos peligrosos. Porque habrá hombres amadores de sí mismos, avaros, vanagloriosos, soberbios, blasfemos, desobedientes a los padres, *ingratos*, impíos" (2 Ti. 3:1-2). Al final de los tiempos, la ingratitud continuará caracterizando a las personas, mucho más de lo que ocurre ahora. A medida que nos acerquemos al regreso de Cristo, la gente se volverá más malvada y menos agradecida. Por ejemplo, los inconversos contemporáneos parecen estar constantemente amargados o quejumbrosos de sus circunstancias, esperando que algún "golpe de suerte" cambie el destino de su vida. O, de forma desengañada o fatalista, podrían aceptar lo que sucediera, afirmando que, de todos modos, no pueden cambiar las cosas. O, egoístamente, podrían agradecerse a sí mismos por lo que son y lo que tienen, pensando que todas las cosas en su vida resultan solo de sus propios esfuerzos. Sin importar cómo se manifiesten, la ingratitud o la ausencia de gratitud siempre han sido características que Dios repudia. Los creyentes, por lo tanto, debemos esforzarnos continuamente por ser agradecidos en medio de cualquier circunstancia.

El mandato a ser agradecidos

Como cristianos, podemos comprender que los nueve leprosos que no conocían a Cristo como Señor y Salvador fueran ingratos y que la cultura inconversa que nos rodea se caracterice por la ingratitud. Sin embargo, es casi imposible comprender o aceptar un creyente ingrato cuando consideramos todo lo que el Señor ha hecho por los suyos. En realidad, tal como lo vimos en el capítulo anterior acerca del gozo, una actitud de gratitud no puede ser ignorada por los creyentes porque la Palabra de Dios lo manda: "Dad gracias en todo, porque esta es la voluntad de Dios para con vosotros en Cristo Jesús" (1 Ts. 5:18).

El precedente de ese mandamiento fue establecido en el Antiguo Testamento. Las ofrendas de gratitud o paz (Lv. 3:1-17; 7:11-36) fueron diseñadas para recordarle al pueblo de Dios de su necesidad de ser agradecido a Él. Debían traerle una gavilla de grano y un poco de aceite y vino como ofrendas de gratitud. Esos eran símbolos de toda la provisión del Señor y recordatorios tangibles de que los creyentes necesitan agradecerle regularmente por su gracia y por su misericordia al darles todo lo que tienen. La iglesia de hoy tiene una ordenanza que cumple el mismo propósito. En la Comunión, o la Mesa del Señor, combinamos elementos de la ofrenda de gratitud como también elementos de la ofrenda por el pecado al darle las gracias a Dios por todo lo que la muerte de Cristo consiguió. Cuando observamos esa ordenanza, esencialmente estamos presentando una ofrenda de gratitud.

No debemos sorprendernos ni debemos ser ingratos cuando experimentamos pruebas porque sabemos que Dios ve perfectamente el resultado final.

El mandamiento del apóstol Pablo en 1 Tesalonicenses 5:18, "Dad gracias en todo", significa que la gratitud del creyente debe estar conectada con todo lo que sucede en la vida, sin importar si es algo agradable o desagradable. Y, como ocurre con el gozo, la única cosa que legítimamente ahogará nuestra actitud de acción de gracias es el pecado no confesado. No importa cuál sea la situación o la prueba, siempre hay razón para dar gracias al Señor.

Si verdaderamente conocemos a Dios, sabemos que está revelando su plan de acción y su propósito en nuestra vida. Él ha determinado soberanamente cada aspecto de su plan para nosotros para que seamos beneficiados y que Él sea glorificado (cf. Ro. 8:28). No debemos sorprendernos ni debemos ser ingratos cuando experimentamos pruebas porque sabemos que Dios ve perfectamente el resultado final (cf. 1 P. 4:12-13).

Efesios 5:18-20 reitera el mandato a ser agradecidos: "No os embriaguéis con vino, en lo cual hay disolución; antes bien sed llenos del Espíritu, hablando entre vosotros con salmos, con himnos y cánticos espirituales, cantando y alabando al Señor en vuestros corazones; dando siempre gracias por todo al Dios y Padre, en el nombre de nuestro Señor Jesucristo". Una actitud completa y congruente de alabanza y gratitud no es posible en nuestra propia fuerza. Pero si permitimos que el Espíritu de Dios que habita en nosotros haga su obra a través de nosotros y nos revista de su poder, Él nos capacitará para dar gracias cada día por cualquier cosa que el Señor traiga a nuestra vida.

Sin la persona y la obra de Cristo, no podríamos ni siquiera considerar la expresión práctica de la gratitud. Pero, debido a que el Señor significa tanto para nosotros, Pablo nos instruye a ser agradecidos en maneras congruentes con quien Jesús es y con lo que Él ha hecho.

Por supuesto, el objeto final de toda nuestra gratitud es Dios el Padre. No podemos ignorar la verdad crucial de que Dios desea una ofrenda continua de gratitud (cf. Sal. 30, 92, 95, 98, 100, 105, 118; He. 13:15). La misma inclusión del nombre de Dios en Efesios 5:20 debe ser un recordatorio de su bondad para sus hijos y del interminable número de bendiciones que Él fielmente les envía (Stg. 1:17). Además del mandato directo en 1 Tesalonicenses 5 y en Efesios 5, las otras epístolas de Pablo están llenas de referencias que señalan la importancia de la gratitud en la vida de la iglesia.

En medio del contexto de otros asuntos, 1 Corintios 14:16-17 dice: "Porque si bendices solo con el espíritu, el que ocupa lugar de simple oyente, ¿cómo dirá el Amén a tu acción de gracias? pues no sabe lo que has dicho. Porque tú, a la verdad, bien das gracias; pero el otro no es edificado". Evidentemente, la iglesia en Corinto, y las otras establecidas por Pablo, dedicaban un segmento del culto de adoración normal a dar gracias públicamente.

Pablo prosiguió a recordar a los creyentes corintios la importancia de la gratitud. En 2 Corintios 4:15 dice: "Porque todas estas cosas padecemos por amor a vosotros, para que abundando la gracia por medio de muchos, la acción de gracias sobreabunde para gloria de Dios". Esto realmente resume el propósito del ministerio total de Pablo, quien resistió todos los sufrimientos y contratiempos para que el evangelio fuera ampliamente proclamado y redundara en mucha acción de gracias para la gloria de Dios.

A medida que el mensaje de la gracia salvadora se esparce, es como si cada conversión añadiera un nuevo miembro al coro celestial en el que cada uno es siempre desbordado de una actitud de gratitud. Y esa debe ser la norma para los creyentes. Es muy decepcionante estar cerca de los que profesan ser cristianos que siempre están estresados, insatisfechos, deprimidos y generalmente descontentos con sus circunstancias. En cambio, deberían seguir el modelo bíblico y dar gracias a Dios diariamente por su gracia incomparable.

Más adelante en 2 Corintios, cuando Pablo resume su enseñanza con respecto a ofrendar, también relaciona ese principio con el tema de dar gracias:

> Y poderoso es Dios para hacer que abunde en vosotros toda gracia, a fin de que, teniendo siempre en todas las cosas todo lo suficiente, abundéis para toda buena obra; como está escrito: Repartió, dio a los pobres; su justicia permanece para siempre. Y el que da semilla al que siembra, y pan al que come, proveerá y multiplicará vuestra sementera, y aumentará los frutos de vuestra justicia, para

que estéis enriquecidos en todo para toda liberalidad, la cual produce por medio de nosotros acción de gracias a Dios. Porque la ministración de este servicio no solamente suple lo que a los santos falta, sino que también abunda en muchas acciones de gracias a Dios; pues por la experiencia de esta ministración glorifican a Dios por la obediencia que profesáis al evangelio de Cristo, y por la liberalidad de vuestra contribución para ellos y para todos; asimismo en la oración de ellos por vosotros, a quienes aman a causa de la superabundante gracia de Dios en vosotros. ¡Gracias a Dios por su don inefable! (2 Co. 9:8-15).

Ese pasaje concluye la sección de las instrucciones de Pablo respecto a las ofrendas de los creyentes y, especialmente, la participación de los corintios en la ofrenda para los santos necesitados en Jerusalén. En resumen, Pablo dice que cuando los creyentes invierten generosamente en el reino de Dios, el Señor derrama sobre ellos ricos dividendos, y los creyentes le dan gracias, lo cual resulta en mucha gloria para su nombre. La gratitud es realmente multiplicada, y eso se convierte en más gloria para Dios. Por ejemplo, en 2 Corintios 9, la iglesia estaba recibiendo el dinero de los creyentes, algo que se convertía en un ministerio que haría que otros creyentes, los judíos cristianos en Jerusalén, dieran gracias a Dios. Los judíos darían gracias a Dios porque la salvación de los corintios era genuina, cosa que se reflejaba en la generosidad de sus contribuciones. Dios es digno de que se le dé gracias y desea oír nuestra gratitud por todas las cosas.

En resumen, al leer las cartas de Pablo es evidente que, bajo la dirección del Espíritu Santo, el apóstol destaca constantemente el mandamiento de que los creyentes siempre deben manifestar gratitud. Pablo sistemáticamente relaciona este pilar esencial del carácter cristiano con cada aspecto del comportamiento, como lo manifiestan claramente los siguientes pasajes:

Por nada estéis afanosos, sino sean conocidas vuestras peticiones delante de Dios en toda oración y ruego, *con acción de gracias* (Fil. 4:6).

Por tanto, de la manera que habéis recibido al Señor Jesucristo, andad en él; arraigados y sobreedificados en él, y confirmados en la fe, así como habéis sido enseñados, *abundando en acciones de gracias* (Col. 2:6-7).

Y la paz de Dios gobierne en vuestros corazones, a la que asimismo fuisteis llamados en un solo cuerpo; y *sed agradecidos.* La palabra de Cristo more en abundancia en vosotros, enseñándoos y exhortándoos unos a otros en toda sabiduría, *cantando con gracia* en vuestros corazones al Señor con salmos e himnos y cánticos espirituales. Y todo lo que hacéis, sea de palabra o de hecho, hacedlo todo en el nombre del Señor Jesús, *dando gracias* a Dios Padre por medio de él (Col. 3:15-17).

Amos, haced lo que es justo y recto con vuestros siervos, sabiendo que también vosotros tenéis un Amo en los cielos. Perseverad en la oración, velando en ella *con acción de gracias* (Col. 4:1-2).

Los impedimentos de la gratitud

Cuando nos encontramos siempre batallando por tener una actitud de gratitud, necesitamos considerar qué puede estar obstaculizándonos.

En primer lugar, la ausencia de una actitud de gratitud bien podría significar que, *en realidad, no somos salvos.* Si no podemos encontrar ninguna causa en nuestro corazón para una acción de gracias constante a Dios, quizá necesitamos nacer de arriba (cf. 2 Co. 13:5).

Una segunda cosa que puede impedir una actitud de gratitud es *la duda tocante al poder soberano de Dios.* Si no conocemos o no aceptamos la verdad de que Dios controla todas las cosas, de que Él es infinitamente sabio y lo conoce todo, de que Él verdaderamente ama a los suyos, o de que genuinamente tiene en mente nuestros mejores intereses y sinceramente quiere conformarnos a la imagen de su Hijo, entonces es probable que no seamos agradecidos. Aun si entendemos esas verdades, podemos olvidarnos de algunas de ellas, y eso también nos impide ser agradecidos.

Meditar en el potente, aunque ignorado pasaje de 1 Crónicas 29:10-14, puede ayudarnos a remediar cualquier duda u olvido que podamos tener acerca del Señor. La soberanía de Dios formaba parte de la gran oración de acción de gracias de David y de su compromiso después de que el pueblo diera tan generosamente de su riqueza para la edificación del templo:

> Asimismo se alegró mucho el rey David, y bendijo a Jehová delante de toda la congregación; y dijo David: Bendito seas tú, oh Jehová, Dios de Israel nuestro padre, desde el siglo y hasta el siglo. Tuya es, oh Jehová, la magnificencia y el poder, la gloria, la victoria y el honor; porque todas las cosas que están en los cielos y en la tierra son tuyas. Tuyo, oh Jehová, es el reino, y tú eres excelso sobre todos. Las riquezas y la gloria proceden de ti, y tú dominas sobre todo; en tu mano está la fuerza y el poder, y en tu mano el hacer grande y el dar poder a todos. Ahora pues, Dios nuestro, nosotros alabamos y loamos tu glorioso nombre. Porque ¿quién soy yo, y quién es mi pueblo, para que pudiésemos ofrecer voluntariamente cosas semejantes? Pues todo es tuyo, y de lo recibido de tu mano te damos.

El *egoísmo* y la *mundanalidad* también pueden ser grandes obstáculos para una actitud de agradecimiento. Esos pecados pueden alejarnos de la gratitud en esencialmente la misma manera como las falsas esperanzas y el orgullo nos impiden regocijarnos. El egoísmo jamás es satisfecho con lo que Dios ha provisto. Esa actitud antepone nuestra voluntad a la de Dios y exige que Dios cumpla todos nuestros deseos.

El egoísmo con frecuencia está motivado por la cultura mundanal, que afirma que sus placeres, posesiones, lugares, negocios, prestigio y sus relaciones humanas son la clave de la verdadera felicidad. Si la avaricia y el materialismo nos controlan, tendremos una gran dificultad para ser agradecidos porque siempre queremos más y lo que tenemos nunca será lo correcto. Sin embargo, si humildemente nos sometemos a lo que sea la voluntad de Dios para nosotros y creemos que Él nos dará lo que necesitamos, es mucho más fácil darle las gracias en todo momento.

> *Si humildemente nos sometemos a lo que sea la voluntad de Dios para nosotros y creemos que Él nos dará lo que necesitamos, es mucho más fácil darle las gracias en todo momento.*

Esperanzas egoístas e irreales conducen a otra actitud que impide el agradecimiento y esta es *un espíritu crítico*. Nos convertimos en censuradores cuando pensamos que debemos controlarlo todo. Pero cuando no podemos siempre manipular los resultados que deseamos (cf. Stg. 4:13-16), comenzamos a ver todas las cosas negativamente y a encontrar faltas en todos los demás. Si no se controla, tal actitud se convertirá en un hábito corrosivo terrible que destruirá nuestra gratitud y devorará todos los otros aspectos de nuestra espiritualidad.

La *impaciencia* es otro obstáculo a la gratitud. La preocupación aquí no es con lo que queremos o no queremos, sino impaciencia con el tiempo establecido por Dios. Necesitamos permitir que Dios manifieste su propósito según su tiempo previsto y ser agradecidos por su plan (cf. Sal. 37:7; 40:1; Ec. 7:8; Lc. 8:15; 1 Ts. 5:14; Tit. 2:2; He. 12:1; 2 P. 1:6; Ap. 2:2-3).

Ser espiritualmente tibio es otra manera de ahogar la gratitud. Si nos falta el celo por Dios, la diligencia en su Palabra, la pasión en la oración, el interés en la adoración y una mayordomía disciplinada sobre el uso de nuestro tiempo, rápidamente perderemos la razón y la motivación para dar las gracias a Dios. Y si no hay arrepentimiento de ese pecado, las consecuencias de una actitud tibia pueden ser mucho más serias que la pérdida de gratitud. El Señor Jesús, en su carta a la iglesia en Laodicea, pronuncia esta advertencia que nos hace reflexionar: "Yo conozco tus obras, que ni eres frío ni caliente. ¡Ojalá fueses frío o caliente! Pero por cuanto eres tibio, y no frío ni caliente, te vomitaré de mi boca" (Ap. 3:15-16).

Finalmente, la actitud de mayor fuerza que se opone a la gratitud es la *rebeldía*. Hace varios años recibí una carta de una mujer que quería que yo le escribiera a su marido que había estado en rebelión contra Dios durante catorce años. Hubo un tiempo cuando él había pensado que Dios quería que fuera un predicador. Pero después de implicarse en una pequeña iglesia, algo no ocurrió como él quería, y eso le produjo amargura contra Dios. Como resultado, se enfadó tanto que ni siquiera entró en esa iglesia ni en ninguna otra por catorce años. En lugar de deleitarse en el pecado de la amargura y la rebelión, debió haber acudido al Señor en oración con preguntas tales como: "¿Dios, qué quieres decirme mediante esta prueba?", "¿Qué estás tratando de mostrarme?", "¿Qué puedo aprender y cómo puedo ser agradecido por esto?". Sin embargo, permitió que su pecado lo convirtiera en un ministro inservible que dañaba a su esposa y a otros, y le impedía dar las gracias a Dios (cf. Ef. 4:31; He. 12:15).

El ejemplo de contentamiento de Pablo

Todos esos obstáculos a la gratitud pueden entorpecer la relación de un cristiano con Dios, arruinar su comunión con otros creyentes y, con el tiempo, destruir una iglesia. Por eso es tan crucial que nos mantengamos espiritualmente vigilantes y que nos guardemos de cualquier actitud que nos impida ser agradecidos a Dios por todo lo que ha provisto para nuestra vida.

La mejor manera de mantener una actitud de gratitud es permaneciendo contentos, que básicamente significa estar satisfechos con lo que somos en Cristo, con lo que Dios nos ha dado y con las circunstancias en las que Él nos ha colocado. En primer lugar, el contentamiento significa obedecer el mandamiento de las Escrituras al respecto: "Sean vuestras costumbres sin avaricia, contentos con lo que tenéis ahora; porque él dijo: No te desampararé, ni te dejaré" (He. 13:5).

El contentamiento también puede aprenderse mediante el seguimiento del ejemplo del apóstol Pablo, quien instruyó a Timoteo a estar contento (1 Ti. 6:6-8) y lo practicó en su propia vida: "No que hable porque tenga escasez, pues he aprendido a contentarme cualquiera que sea mi situación. Sé vivir en pobreza, y sé vivir en prosperidad. En todo y por todo he aprendido el secreto tanto de estar saciado como de tener hambre, de tener abundancia como de sufrir necesidad" (Fil. 4:11-12, NBLA).

Esa es la descripción perfecta del hombre satisfecho. El contentamiento de Pablo, sin embargo, no era el resultado de circunstancias perfectas. Cuando Pablo escribió a los filipenses, estaba en una prisión en Roma. Su predicación del evangelio, que había causado tanta conmoción entre judíos y gentiles, lo llevó a su encarcelamiento en una celda privada en la que estaba continuamente encadenado a un soldado romano. El apóstol estaba en condiciones extremadamente precarias, con acceso solo a las necesidades mínimas. Y el estar encadenado a un soldado era probablemente peor que estar en su propia celda con otros prisioneros. Pablo no tenía libertad ni movilidad, ni privacidad y, en su aislamiento de amigos y colaboradores, constantemente recibía un recordatorio de su situación. Mientras escribía Filipenses 4:11-12, cada movimiento de su mano hacía resonar la cadena con la que estaba encadenado al soldado.

No obstante, a pesar de la adversidad de su encarcelamiento, Pablo se atrevía a decir: "he aprendido a contentarme". Eso lo constituye en un modelo de contentamiento para imitar. En Filipenses 4:11, Pablo usa el simple vocablo griego para contentamiento que significa "tener suficiente" o "ser suficiente". También se refiere a alguien que no necesita ayuda de ninguna clase. Exteriormente parece ridículo que Pablo, quien no tenía nada, pudiera afirmar confiadamente que no necesitaba nada. Aun así, por la gracia de Dios había aprendido a contentarse.

Además, en el versículo 12, Pablo añadió: "he aprendido el secreto" (NBLA). En el griego, esa expresión significa ser iniciado en los secretos íntimos de una religión. En los días de Pablo se refería a aprender los secretos de una de las diferentes religiones de misterio. En síntesis, Pablo había aprendido el secreto del contentamiento. Ese secreto elude a la mayoría de las personas, pero no a nosotros como creyentes si solo mantenemos la actitud de agradecimiento.

El secreto de cómo estar contentos no debe eludirnos si nos percatamos de algunos de los principios que el apóstol Pablo siguió (cf. He. 13:5). Principalmente, no se preocupaba por entender el significado de cada situación difícil porque sabía que la providencia de Dios estaba actuando: "porque Dios es el que en vosotros produce así el querer como el hacer, por su buena voluntad" (Fil. 2:13). Pablo también estaba firmemente comprometido con lo que el escritor de Proverbios había dicho siglos antes: "El corazón del hombre piensa su camino; mas Jehová endereza sus pasos" (Pr. 16:9); "Muchos pensamientos hay en el corazón del hombre; mas el consejo de Jehová permanecerá" (Pr. 19:21).

Pablo sabía que la narración inspirada del Antiguo Testamento demostraba una y otra vez la soberanía de Dios en medio de cualquier circunstancia. Dios usó la esclavitud de José en Egipto para elevarlo al cargo de primer ministro para que pudiera preservar a Israel. Dios obró por medio de Rut para producir el linaje de David, lo que con el tiempo llevó al nacimiento del Mesías. Y Dios puso a Ester en el palacio de un rey pagano para desbaratar una conspiración que podía eliminar al pueblo judío. Y ahora Pablo sabía por su propia experiencia que Dios estaba en control de todo, lo cual redundó en su completo contentamiento y su acción de gracias.

El sentido del contentamiento de Pablo también se desarrolló mediante otras directrices importantes, en particular, su disposición y su habilidad de estar satisfecho con muy poco (1 Ti. 6:6-8), a vivir por encima de las circunstancias de la vida (2 Co. 12:10), a descansar solamente en el poder de Dios y en su provisión (Gá. 2:20; Ef. 3:16; Fil. 4:13), y a estar completamente preocupado con el bienestar de otros (Fil. 2:3-4; 4:17). (Para una discusión más completa del contentamiento, ver mi libro *Venza la ansiedad* (El Paso, TX: Casa Bautista de Publicaciones, 2011], cap. 9).

Esos aspectos de contentamiento ayudan a reforzar la actitud de la gratitud cristiana. Era suficiente para el apóstol Pablo saber que Dios había planificado todas las cosas en su vida y le había dado toda bendición espiritual, y que se mostraba fiel y poderoso en las circunstancias de la vida. Pablo podría estar de acuerdo fácilmente con las palabras del salmista: "Mi carne y mi corazón desfallecen; mas la roca de mi corazón y mi porción es Dios para siempre" (Sal. 73:26). Y concluyó su enseñanza a los filipenses con estas afirmaciones de promesa y alabanza: "Mi Dios, pues, suplirá todo lo que os falta conforme a sus riquezas en gloria en Cristo Jesús. Al Dios y Padre nuestro sea gloria por los siglos de los siglos. Amén" (Fil. 4:19-20). Existe la misma razón hoy día para que todo cristiano esté contento y siempre lleno de acción de gracias y alabanza a Dios.

GUÍA DE ESTUDIO

Capítulo 9

Siempre hay lugar para la gratitud

Resumen del capítulo

Puesto que la gratitud es un mandamiento y Dios se disgusta cuando no se practica, los cristianos deben obedecer su Palabra y dar gracias por todas las cosas en cualquier circunstancia.

Para comenzar (escoge una)

1. Menciona algo por lo que te resulta fácil dar gracias (excluyendo cosas obvias como la salvación, el cónyuge o los hijos). ¿Por qué escogiste esa cosa? En contraste: menciona algo por lo que te resulta difícil dar gracias. Explica y elabora tu respuesta.

2. ¿Crees que es fácil para las personas de hoy estar satisfechas, como lo fue hace cuarenta o cincuenta años? ¿Por qué sí o por qué no? Si piensas que no están tan satisfechas: ¿cuál es una queja frecuente que escuchas en tu trabajo o en el mercado?

Contesta estas preguntas

1. ¿Por qué es tan sorprendente que el único de los leprosos sanados (Lc. 17:11-19) que dio gracias fuera un samaritano?

2. ¿Qué lugar ocupa la ingratitud en la lista de Dios de pecados condenables en Romanos 1:18-32?

3. ¿Cuáles son tres maneras comunes en que el inconverso responde a las circunstancias de la vida?

4. Cuando celebramos la Santa Cena: ¿qué elementos se combinan de las ofrendas del Antiguo Testamento?

5. ¿De qué manera la aceptación de la soberanía de Dios nos ayuda a expresar gratitud en cualquier situación?

6. ¿Cuál es el objetivo final de toda nuestra gratitud? Cita varios pasajes bíblicos que apoyen tu respuesta.

7. En el contexto de 2 Corintios 9:8-15, ¿cómo se multiplica la gratitud de los creyentes?

8. ¿Cuáles son los siete obstáculos a la gratitud que se mencionan en este capítulo? ¿Cuáles específicamente son los mismos que obstaculizan el gozo?

9. ¿Qué es idealmente descrito por Pablo en Filipenses 4:11-12?

10. Cuando Pablo escribió su carta a los filipenses: ¿de qué manera algunas circunstancias lo desafiaban?

11. Tomando en cuenta el uso del griego, define las expresiones "contentarme" y "he aprendido" (Fil. 4:11-12).

12. ¿Qué verdades del Antiguo Testamento con respecto a Dios apoyan la actitud de Pablo de contentarse?

13. ¿Qué directrices adicionales expresó Pablo en sus propios escritos que moldearon su contentamiento?

Céntrate en la oración

- Dedica una porción de tu tiempo de oración a dar gracias al Señor por algo muy especial que Él haya hecho en tu vida recientemente.

- Repasa la lista de obstáculos a la gratitud. Escoge uno que haya sido un desafío para ti y pide a Dios que te ayude a vencerlo. (También puedes escoger un obstáculo relacionado que no esté en la lista).

Aplicación de la verdad

Recopila una lista de razones por las que tener una actitud de gratitud. Esa lista debe aplicarse a ti específicamente y a todos los cristianos en general. Apoya tu lista con tantas referencias bíblicas como puedas. Esa lista podría ser una sección constante de tu diario espiritual (o una lista aparte a la que te refieras periódicamente) que ayude a motivarte a permanecer agradecido.

10

La valentía de ser fuerte

La ansiedad en la sociedad occidental de hoy se caracteriza por un gran énfasis en el buen estado físico y en la fortaleza. Muchas personas se entrenan regularmente y procuran comer una dieta saludable. Y quienes no lo hacen, los anunciantes les recuerdan que nunca es demasiado tarde para cambiar a un estilo de vida más saludable. Incluso muchas personas que no hacen ejercicio regularmente están preocupadas por su salud. De modo que hacen todo lo posible por minimizar el consumo de alimentos ricos en calorías y asegurarse de que su comida y su bebida no están contaminadas. También tratan de evitar exponerse a enfermedades contagiosas.

Si la fortaleza es una preocupación de suma importancia en lo que respecta a nuestra salud física, debería serlo aún más cuando se trata de nuestra salud espiritual. Si el Cuerpo de Cristo va a funcionar como Dios quiere, necesitamos saber en qué consiste la fortaleza cristiana y cómo se manifiesta en la acción.

¿Qué es la fortaleza espiritual?

La fortaleza espiritual para los creyentes es, esencialmente, una actitud de valor e incluye virtudes tales como el valor de la convicción, el valor de ser inflexible, el valor de confrontar el error y la falsa doctrina, el valor de confrontar la intimidación y la persecución y aun así permanecer comprometidos con lo que es correcto.

Un cristiano fuerte espiritualmente es aquel que vive por principios en lugar de hacerlo por capricho o por opinión. No siempre busca la salida fácil ni el lugar seguro, sino que se enfrenta a numerosos desafíos, asume serios riesgos cuando es necesario y permanece firme contra la oposición a la verdad. Es decidido y tiene propósitos y metas definidas, y avanza incluso cuando la lucha es a veces dolorosa.

La fortaleza es una virtud muy necesitada en la iglesia hoy día, en esta era de vacilación, compromiso y debilidad. Vivimos en un tiempo en el que muchos dentro de la iglesia no están dispuestos mantener convicciones doctrinales firmes porque piensan que serán considerados poco afectuosos. Pero eso no es lo que los profetas, los apóstoles y los reformadores hubieran hecho porque tal cosa no es bíblica. La iglesia no necesita pastores débiles predicando mensajes débiles a congregaciones débiles. Se necesita fortaleza de carácter derivada de un fundamento bíblico.

Si la fortaleza es una preocupación de suma importancia en lo que respecta a nuestra salud física, debería serlo aún más cuando se trata de nuestra salud espiritual.

En 1 Corintios 16:13-14 se encuentra más bien una simple exhortación, pero también es un excelente resumen respecto a la fortaleza espiritual: "Velad, estad firmes en la fe; portaos varonilmente, y esforzaos. Todas vuestras cosas sean hechas con amor".

La traducción "portaos varonilmente" en el versículo 13 es algo ambigua y no transmite el significado del original tan bien como debía. El verbo griego más literalmente dice "conducíos de manera valerosa". Sin embargo, "portaos varonilmente" es como el verbo es traducido, probablemente porque varios traductores sabían que ser valiente en tiempos antiguos era sinónimo con ser hombre.

Desde los tiempos del Antiguo Testamento hasta el comienzo de la era industrial, ser un hombre significaba forjarse una vida en un ambiente difícil. Eso implicaba limpiar el terreno desértico, construir edificios con las manos, arar la tierra manualmente y proteger constantemente a la familia de incursiones de otras tribus. Todo eso significaba que los hombres tuvieran que ser físicamente fuertes cada día.

Es difícil identificarnos con ese retrato de esfuerzo riguroso y físico a diario en casi todos los aspectos de la vida. En la cultura moderna, la mayoría de los hombres están acostumbrados a trabajar en ocupaciones profesionales y en áreas de servicio que requieren más esfuerzo mental que físico. En cierto sentido, hemos redefinido el papel de los hombres para que sea algo muy diferente de lo que era en los días de Pablo. Por lo tanto, es provechoso tener ilustraciones adicionales del verbo "portaos varonilmente". Aunque no hay otros usos de ese vocablo en el Nuevo Testamento, la traducción griega del Antiguo Testamento proporciona muchos ejemplos.

La expresión aparece dos veces en Deuteronomio 31:6-7 cuando dice: "Esforzaos y cobrad ánimo; no temáis, ni tengáis miedo de ellos, porque Jehová tu Dios es el que va contigo; no te dejará, ni te desamparará. Y llamó Moisés a Josué, y le dijo en presencia de todo Israel: Esfuérzate y anímate; porque tú entrarás con este pueblo a la tierra que juró Jehová a sus padres que les daría, y tú se la harás heredar". Primero, Moisés, cuando se preparaba para entregar el liderazgo de Israel a Josué, instruyó al pueblo a tener fortaleza y valor al marchar a la tierra prometida porque Dios los guiaría. Entonces dio la misma instrucción concretamente a Josué.

Justo antes de su muerte, David exhorto a su hijo Salomón de la misma manera: "Yo sigo el camino de todos en la tierra; esfuérzate, y sé hombre. Guarda los preceptos de Jehová tu Dios, andando en sus caminos, y observando sus estatutos y mandamientos, sus decretos y sus testimonios, de la manera que está escrito en la ley de Moisés, para que prosperes en todo lo que hagas y en todo aquello que emprendas" (1 R. 2:2-3). Observa que el versículo 3 dice cómo esforzarse y ser valiente: mediante ser una persona de la Palabra y obedecer todo lo que Dios ha revelado en su ley.

Otros pasajes demuestran que el mandato a esforzarse y ser valiente es una expresión común en el Antiguo Testamento (cf. Dt. 31:23; 2 S. 10:9-13; 1 Cr. 22:11-13; 2 Cr. 32:6-8; Sal. 27:14). El pasaje que mejor capta la esencia de esa expresión es Josué 1:5-9:

> Nadie te podrá hacer frente en todos los días de tu vida; como estuve con Moisés, estaré contigo; no te dejaré, ni te desampararé. Esfuérzate y sé valiente; porque tú repartirás a este pueblo por heredad la tierra de la cual juré a sus padres que la daría a ellos. Solamente esfuérzate y sé muy valiente, para cuidar de hacer conforme a toda la ley que mi siervo Moisés te mandó; no te apartes de ella ni a diestra ni a siniestra, para que seas prosperado en todas las cosas que emprendas. Nunca se apartará de tu boca este libro de la ley, sino que de día y de noche meditarás en él, para que guardes y hagas conforme a todo lo que en él está escrito; porque entonces harás prosperar tu camino, y todo te saldrá bien. Mira que te mando que te esfuerces y seas valiente; no temas ni desmayes, porque Jehová tu Dios estará contigo en dondequiera que vayas.

En resumen, esforzarse y ser valiente significa vivir conforme a tus convicciones, los cuales se encuentran en la Palabra reveladora de Dios. El Señor ha preparado el camino para nosotros y está con nosotros (Jos. 1:5). Nuestra causa es justa (Jos. 1:6), solo necesitamos ser fieles por medio de la fortaleza y el valor (Jos. 1:6-7, 9).

Los cristianos ciertamente necesitamos ser inspirados y motivados a seguir los diferentes ejemplos del Antiguo Testamento con respecto a la fortaleza y al valor. Pero algo mucho más profundo está implicado en nuestra obediencia a esos mandamientos, como lo expresa la oración del apóstol Pablo por los creyentes en Éfeso: "Por esta causa doblo mis rodillas ante el Padre de nuestro Señor Jesucristo, de quien toma nombre toda familia en los cielos y en la tierra, para que os dé, conforme a las riquezas de su gloria, el ser fortalecidos con poder en el hombre interior por su Espíritu" (Ef. 3:14-16). Así que, aunque el llamado a ser fuerte y valiente es un mandamiento, solo puede ser obedecido en el poder maravilloso y misterioso de la cohabitación del Espíritu Santo. Eso significa que debemos estar llenos y controlados por el Espíritu mientras procuramos vivir congruentemente mediante las convicciones que surgen de nuestra comprensión de las Escrituras bajo la dirección del Espíritu Santo.

Retratos de un cristiano fuerte

La Palabra de Dios nos ha provisto de una sólida definición de la fortaleza espiritual, y todo creyente maduro conoce casi intuitivamente lo que esa definición supone. Pero la pregunta persiste: ¿cómo aplicamos las verdades con respecto a la fortaleza? ¿Cómo nos apropiamos de las numerosas exhortaciones bíblicas y las convertimos en una actitud espiritual eficaz que redunda en una vida justa?

El apóstol Pablo nos ayuda a tener un control práctico del concepto de la fortaleza en sus instrucciones a Timoteo:

Tú, pues, hijo mío, esfuérzate en la gracia que es en Cristo Jesús. Lo que has oído de mí ante muchos testigos, esto encarga a hombres fieles que sean idóneos para enseñar también a otros. Tú, pues, sufre penalidades como buen soldado de Jesucristo. Ninguno que milita se enreda en los negocios de la vida, a fin de agradar a aquel que lo tomó por soldado. Y también el que lucha como atleta, no es coronado si no lucha legítimamente. El labrador, para participar de los frutos, debe trabajar primero. Considera lo que digo, y el Señor te dé entendimiento en todo (2 Ti. 2:1-7).

Timoteo era hijo espiritual de Pablo, un verdadero discípulo que conocía el corazón del apóstol mejor que nadie. Pablo había designado a Timoteo para que lo sustituyera en su ministerio después de su partida. Pero mientras tanto, después del primer encarcelamiento de Pablo, el apóstol le pidió a Timoteo que se encontrara con él en Éfeso, el lugar de una de las iglesias más fuertes e influyentes que Pablo había establecido.

Mientras estaba en la prisión, Pablo supo que los responsables de la iglesia en Éfeso se habían corrompido, que los miembros estaban abandonando sus responsabilidades y que la impiedad se había introducido en la asamblea. De manera que Pablo solicitó la ayuda de Timoteo para hacer que la iglesia volviera al camino correcto (cf. 1 Ti. 1:3).

Después de que Pablo hizo frente a algunos de los problemas más difíciles en Éfeso, como el de excomulgar a los pastores herejes Himeneo y Alejandro, se fue a realizar ministerio en Macedonia y dejó al joven Timoteo para que resolviera varios problemas adicionales. Tras su partida, Pablo envió una carta a Timoteo detallándole correcciones mayores que debía realizar en la iglesia (esa es la carta que conocemos como 1 Timoteo).

Cuando Timoteo comenzó a poner en práctica las instrucciones de Pablo encontró resistencias hostiles dentro de la iglesia y una intensa persecución del exterior. Muchos decían que era demasiado joven e inexperto. Y Timoteo luchó dentro de sí con las tentaciones de los deseos juveniles. Encima de todo eso, el estilo agresivo y argumentativo de Timoteo probablemente hizo que perdiera terreno en sus esfuerzos, y comenzó a dudar seriamente de su función como un ejemplo piadoso a los efesios.

Como resultado, Timoteo fue apresado por la espiral descendiente de la iglesia en Éfeso. Comenzó a abandonar su ministerio y a volverse tan espiritualmente débil que Pablo tuvo que recordarle la validez de su fe y darle ánimo para no dejar que sus dones de predicación, evangelización y administración de la iglesia cayeran en desuso (2 Ti. 1:5-7). Timoteo pudo haberse debilitado tanto que estaba vacilante respecto a su identificación con Cristo y estaba indeciso en su doctrina. Al parecer deseaba evitar la persecución de los no creyentes y se sintió más cómodo retirándose sin presentar batalla a los oponentes dentro de la iglesia (cf. 2 Ti. 1:8, 13-14).

Por lo tanto, Pablo comienza 2 Timoteo 2 con un llamado a su joven compañero en el ministerio a tomar una postura espiritual firme. Debido a que el apóstol pronto ya no estaría presente, sabía que era crucial para Timoteo dar un paso adelante y ser un modelo a imitar por otros. Y para demostrar esa actitud de manera práctica y tangible, Pablo presenta a Timoteo (y a nosotros) una serie de ilustraciones y analogías para describir al cristiano fuerte.

El cristiano como maestro

Pablo comienza su progresión descriptiva exhortando a Timoteo a ser un maestro: "Lo que has oído de mí ante muchos testigos, esto encarga a hombres fieles que sean idóneos para enseñar también a otros" (2 Ti. 2:2). Enseñar a otros mejora nuestra propia comprensión de las Escrituras, y también fortalece y amplía la base de nuestras convicciones. Hay cuatro razones básicas por las que esos beneficios se acumulan para el maestro fiel.

Primero, *si deseamos enseñar la Palabra eficazmente, tenemos que estudiarla.* Enseñar, por lo tanto, proporciona un verdadero incentivo para profundizar en la Palabra con completa devoción. Como norma, no la estudiamos con el mismo nivel de minuciosidad y dedicación cuando no tenemos que enseñarla. Y esa es la cuestión, el enseñar nos motivará a mantener buenos hábitos de estudio bíblico.

La necesidad del maestro de estudiar también lo ayudará a disciplinarse a sí mismo. Lo obligará a prepararse con tanta anticipación de modo que esté preparado para cuando llegue el momento de enseñar. Hace varios años los estudiantes de una clase en un seminario donde enseñaba aprendieron una dolorosa lección sobre el valor de la preparación.

Di a la clase una tarea al principio del semestre y les dije que tenían aproximadamente un mes para entregarla. Cuando la fecha llegó y el momento de entregar la tarea se cumplió, tres o cuatro alumnos me pidieron una breve extensión de la fecha de entrega, apelando a circunstancias externas por las que no habían podido terminar la tarea.

Cuando dije que no podían tener una extensión de la fecha límite y que, por lo tanto, tendría que darles un suspenso en la tarea, todos ellos naturalmente mostraron consternación y disgusto. Aun así, cada uno de ellos admitió recordar la fecha límite original, pero simplemente asumió que yo permitiría un período de gracia para la entrega tardía de la tarea asignada.

> *Enseñar a otros mejora nuestra propia comprensión de las Escrituras, y también fortalece y amplía la base de nuestras convicciones.*

Les dije que, si no habían aprendido ninguna otra cosa de la clase, esperaba que por lo menos hubieran aprendido que un pastor tiene que llevar su sermón preparado cada domingo y no el martes siguiente. Y algunos de ellos en años recientes me han confesado que esa experiencia fue la mejor lección que jamás aprendieron.

La segunda razón por la que nos beneficiamos al enseñar a otros es porque *nuestra preparación aclara la verdad en nuestra mente y en nuestro corazón*. Nos obliga a ir más allá de una simple lectura devocional de las Escrituras a un nivel en el que podemos entender un pasaje y explicar sus verdades a otros. Si estudiamos a conciencia en preparación para enseñar, obtendremos una precisión de comprensión que nos permitirá aclarar la verdad a nuestros estudiantes.

En tercer lugar, la preparación para enseñar es beneficiosa porque *nos obliga a llegar a conclusiones con respecto a lo que es importante.* A medida que estudiamos, tenemos que identificar los puntos clave en el material y decidir cuál será el énfasis principal y la mejor manera de expresarlo.

Finalmente, ser maestros es beneficioso porque *nos coloca en una posición de responsabilidad.* Cuando enseñamos a otros, incluso si se trata de una sola persona, públicamente declaramos la importancia de lo que hemos dicho y demostramos que queremos que nuestros estudiantes abracen la misma verdad. Hacemos que ellos sean responsables por lo que han oído y al mismo tiempo nos hacemos responsables ante ellos para ayudarnos a practicar lo que enseñamos.

Si pretendemos ser cristianos espiritualmente fuertes, necesitamos enseñar a otros, ya sea alguien en nuestra familia, un hermano en la fe que es menos maduro o un nuevo creyente. Comunicar y practicar la sana doctrina es una parte integral de la preparación de la nueva generación de cristianos fieles.

Durante mis años como pastor, me he beneficiado grandemente de mi función regular como maestro. Recuerdo lo que enseño de la Palabra de Dios y sé lo que creo porque está siendo refinada y reforzada en el crisol del estudio constante. De esta manera, me apropio realmente del material que presento para que la enseñanza se convierta en un tejido de mi vida y en la sustancia de mi fortaleza espiritual. Y siempre me hago responsable de lo que enseño. Cualquier declaración errónea o desviación, verdadera o aparente, que haga que las personas piensen que soy incongruente con mi enseñanza anterior produce el envío de cartas, llamadas telefónicas, fax y mensajes de correo electrónico a mi oficina.

Ser un maestro de la Palabra de Dios en una situación informal no exige que tengamos el don de la enseñanza. Sencillamente significa reconocer la responsabilidad que tenemos de impartir la verdad a otros para que también la puedan entender. Es así como formamos nuestras convicciones y adquirimos nuestra fortaleza espiritual.

El cristiano como soldado

La siguiente imagen que Pablo presenta a Timoteo de un cristiano espiritualmente fuerte es la de un soldado: "Tú, pues, sufre penalidades como buen soldado de Jesucristo. Ninguno que milita se enreda en los negocios de la vida, a fin de agradar a aquel que lo tomó por soldado" (2 Ti. 2:3-4). Necesitamos comprender, desde el principio de la vida cristiana, que estamos enfrascados en una seria guerra espiritual y en una gran batalla ideológica. Tratamos con personas del mundo que no conocen a Cristo: "el dios de este siglo [Satanás] cegó el entendimiento de los incrédulos, para que no les resplandezca la luz del evangelio de la gloria de Cristo, el cual es la imagen de Dios" (2 Co. 4:4). Y el poder de ese sistema mundial aprisiona a los incrédulos con una apelación a sus deseos, codicias y orgullo (1 Jn. 2:16). Ese sistema también ha levantado una formidable

> *Necesitamos comprender, desde el principio de la vida cristiana, que estamos enfrascados en una seria guerra espiritual y en una gran batalla ideológica.*

fortaleza ideológica detrás de la que las personas pueden esconder toda clase de falsas religiones, falsas filosofías y cosmovisiones en contra de la Biblia.

La responsabilidad del creyente es, por lo tanto, asaltar el reino de las tinieblas, con la ayuda del Señor, rescatar a las almas perdidas en esas tinieblas y traerlas al reino de luz. Como dice el apóstol Judas, tenemos la tarea de "[arrebatarlos] del fuego" (Jud. 23).

La exhortación de Pablo a Timoteo con respecto a ser un soldado de Cristo sigue el paradigma de la guerra espiritual y describe cómo los creyentes pueden ser soldados eficaces y, por lo tanto, cristianos fuertes. Debido a que somos soldados, no debe sorprendernos si el esfuerzo es extenuante y las tareas desafiantes. Tampoco debemos estar perplejos y retirarnos cuando encontramos conflicto. Tales cosas reflejan la naturaleza de la guerra y todos los creyentes estamos metidos en una guerra.

Esos aspectos difíciles de la guerra espiritual constituyen el primer aspecto del oficio del soldado cristiano: *sufrimos penalidades*. Eso significa que hay grandes riesgos, y necesitamos tener nuestras prioridades en orden y poner nuestra vida en sintonía con la causa de Cristo. Eso nos exigirá el ejercicio de otras características, como ser vigilantes (Lc. 12:35-40), comprender las estratagemas de Satanás (Ef. 6:11; 1 P. 5:8-9), y ejercitar el discernimiento (1 Ts. 5:20-21; 1 Jn. 4:1; cf. Hch. 17:11). Todas las cosas demandan la vigilancia y la energía de un verdadero soldado en la labor de reconocimiento.

Un segundo componente del estilo de vida del buen soldado de Cristo es que *no se enreda en los negocios de la vida*. En el ámbito secular, cuando alguien es llamado al servicio militar activo tiene que cambiar todas las relaciones previas y hacer del cuerpo militar su trabajo a todo tiempo. No tiene vida privada ni personal de la que hablar. Se viste de uniforme, vive en un ambiente especial y está bajo la autoridad y el control de sus superiores durante todo el tiempo que esté en el ejército.

Ser un soldado en el ámbito espiritual es muy similar. Hemos sido llamados a servir al comandante supremo, el Señor Jesucristo, y eso es a tiempo completo, o sea, un compromiso para toda la vida. Podría llevarnos a niveles severos de sufrimientos, como en el caso de Pablo, o a un nivel mucho más liviano de infortunio, como ocurre con la mayoría de nosotros.

No es que los cristianos no trabajemos ni estudiemos, pero, cuando estamos en el trabajo, en el aula o en la vecindad, somos soldados de Jesucristo. Nuestra principal preocupación es la batalla espiritual. Ya sea que enfrentemos cuestiones como las falsas ideologías que atrapan a las personas en el pecado y en el error o las falsas doctrinas que llevan a los creyentes bajo la influencia de Satanás. Dondequiera que los creyentes estemos y cualquiera que sea la cuestión, no podemos poner a un lado la responsabilidad de ser un soldado cristiano.

Finalmente, el verdadero soldado de Jesucristo *procura agradar a aquel que lo tomó por soldado.* Si estamos metidos en una guerra espiritual, está claro que hay solamente una persona a quien, en realidad, tenemos que rendir cuentas. Esa persona es Dios, nuestro comandante. El apóstol Pablo, los otros apóstoles, los profetas y todos los fieles siervos del Señor han anticipado el día cuando estarán en su presencia y oirán las palabras: "Bien, buen siervo [soldado] fiel" (Mt. 25:21-23; cf. v. 34). Ese debe ser también nuestro incentivo, como también el deseo de reiterar las palabras de Pablo: "He peleado la buena batalla, he acabado la carrera, he guardado la fe. Por lo demás, me está reservada la corona de justicia, la cual me dará el Señor, juez justo, en aquel día; y no solo a mí, sino también a todos los que aman su venida" (2 Ti. 4:7-8).

El cristiano como atleta

El tercer ejemplo que Pablo da a Timoteo del cristiano fuerte es el de un atleta: "Y también el que lucha como atleta, no es coronado si no lucha legítimamente" (2 Ti. 2:5). El sustantivo "atleta" en el texto griego proviene del verbo griego *athleo* que significa participar en una competencia o competir en los juegos olímpicos.

El significado de *athleo* señala al primer distintivo de un atleta, es decir, que *compite para ganar.* Jugar para ganar es cosa esencial en todos los deportes o competencias atléticas. Cualquier otra cosa, en el mejor de los casos, es una desilusión y, en el peor, una vergüenza y un deshonor.

El apóstol Pablo estaba interesado en ayudar a otros creyentes a entender lo que él sabía, que esforzarse por alcanzar una meta final es algo necesario para un cristiano fuerte. El cristiano corre para obtener un galardón, como vimos en Mateo 25:21-23 y en

2 Timoteo 4:7-8. Pablo prosigue a explicar la razón y la manera de luchar al correr la carrera de la vida cristiana: "¿No sabéis que los que corren en el estadio, todos a la verdad corren, pero uno solo se lleva el premio? Corred de tal manera que lo obtengáis. Todo aquel que lucha, de todo se abstiene; ellos, a la verdad, para recibir una corona corruptible, pero nosotros, una incorruptible" (1 Co. 9:24-25).

Los cristianos fuertes trabajarán duro en el estadio espiritual cuando entiendan que hay metas espirituales y eternas en juego. Anteriormente, en su primera carta a Timoteo, Pablo ofreció esta excelente instrucción: "Desecha las fábulas profanas y de viejas. Ejercítate para la piedad; porque el ejercicio corporal para poco es provechoso, pero la piedad para todo aprovecha, pues tiene promesa de esta vida presente, y de la venidera. Palabra fiel es esta, y digna de ser recibida por todos. Que por esto mismo trabajamos y sufrimos oprobios, porque esperamos en el Dios viviente, que es el Salvador de todos los hombres, mayormente de los que creen" (1 Ti. 4:7-10). Los cristianos espiritualmente fuertes tienen su afecto puesto en el cielo, no en la tierra, y esa meta celestial es lo que les hace trabajar con todas sus fuerzas.

El atleta honesto y dedicado tiene otra virtud de carácter: *compite conforme a las reglas*. No será como algunos de los atletas de las olimpíadas recientes quienes han defraudado y no solo se han deshonrado a sí mismos, sino también a los países que representan.

Por ejemplo, sabemos ahora, en el transcurso de cuatro o cinco olimpíadas, durante los últimos veinticinco años, de mujeres atletas, especialmente nadadoras de la antigua Alemania oriental, usaron esteroides y probablemente otras drogas para mejorar el rendimiento y conseguir grandes ventajas físicas sobre sus contrincantes. Los Juegos Olímpicos de 1996 en Atlanta revelaron que muchos atletas de la China continental estaban implicados en similares violaciones de las reglas. Y también está el caso famoso del gran corredor canadiense Ben Johnson, quien violó las normas en las Olimpíadas de

Seúl del año 1988. Después de una gran carrera en la que consiguió la medalla de oro en los cien metros lisos, dio positivo en el análisis de una sustancia ilegal y fue despojado de su medalla.

Siempre he respetado a esos jugadores de golf profesionales quienes informan de alguna pequeña violación que han cometido durante un torneo. Si marcan su tarjeta incorrecta o mueven indebidamente una pelota en el campo, pueden ser penalizados con uno o más golpes. Esa clase de penalización con frecuencia resulta en una puntuación inferior en el torneo y puede costarle decenas de miles de dólares del premio. Pero escuchan a su conciencia y son honestos en su actuación. Sería maravilloso si el pueblo de Dios, especialmente los dirigentes, exhibieran siempre la misma integridad y corrieran la carrera según las reglas establecidas.

Los cristianos espiritualmente fuertes prestaremos atención a las palabras de Pablo en 1 Corintios 9:26-27 cuando dice: "Así que, yo de esta manera corro, no como a la ventura; de esta manera peleo, no como quien golpea el aire, sino que golpeo mi cuerpo, y lo pongo en servidumbre, no sea que habiendo sido heraldo para otros, yo mismo venga a ser eliminado". Esa clase de autodisciplina es una parte necesaria de la carrera espiritual. Tenemos que poner nuestro cuerpo en servidumbre para que nuestra carne, con sus deseos malignos, no nos domine y nos conduzca a algún pecado que nos desvía, igual que otros, de la verdadera meta de la guerra espiritual. Pero cuando honramos al Señor Jesucristo y nos centramos en el galardón eterno que espera a todos los fieles, eso hará que se manifieste solo nuestros mejores esfuerzos en el servicio espiritual.

> *Cuando honramos al Señor Jesucristo y nos centramos en el galardón eterno que espera a todos los fieles, eso hará que se manifieste solo nuestros mejores esfuerzos en el servicio espiritual.*

El cristiano como un labrador

La imagen final que Pablo da a Timoteo de un cristiano espiritualmente fuerte es la de un abnegado labrador (2 Ti. 2:6). Y la primera tarea del labrador espiritual es ocuparse en *sembrar la semilla de la Palabra de Dios,* tal como lo hizo el hombre en la parábola del sembrador (Mt. 13:3-23).

La parábola de Jesús ilustra cuatro clases de terrenos (personas) y sus diferentes niveles de receptividad a la semilla (la Palabra de Dios). Tres de los terrenos eran malos y dieron respuestas negativas, y uno de los terrenos era bueno y dio una respuesta positiva. Algunos terrenos son duros e inmediatamente rechazan la verdad. Algunos son pedregosos y poco profundos. Reciben la Palabra con gozo temporal, pero la dejan ir bajo el calor de la tribulación. Otros terrenos están llenos de espinos, esos también reciben la semilla temporalmente, pero el engaño de las riquezas y las malas hierbas del materialismo mundano pronto toman control y ahogan el fruto de la Palabra.

La buena tierra es productiva, pero en tres niveles diferentes, a treinta, sesenta y a ciento por uno.

La cosa más fascinante con respecto a esta parábola es que no dice nada con respecto a la habilidad del sembrador. Totalmente desestima la noción contemporánea de que, para ser eficaz en el evangelismo, los cristianos tenemos que usar la fórmula correcta o implementar cierto programa que emplea la técnica apropiada del "acercamiento amigable". En cambio, la cuestión es la condición de los terrenos. Ese punto puede destacarse mediante una ilustración adicional. Imagina a un labrador experimentado que siembra la semilla con gran habilidad y destreza. Siempre que esparce la semilla esta cae casi perfectamente en el surco del campo. Al mismo tiempo su hijo de cinco o seis años sigue tras él y de manera torpe trata de imitar la habilidad de su padre. Pero su mano gordita y sus dedos cortos erráticamente esparcen la semilla sobre la cabeza y la espalda de su padre, con otros puñados esparcidos por aquí y por allá, fallando el surco. Pero algunas de las semillas lanzadas por el hijo caen en buena tierra y producen una buena cosecha.

Esa historia ilustra el principio de que siempre que la semilla cae en buena tierra, produce fruto, ya sea que la semilla sea esparcida por un sembrador hábil o inexperto. La moraleja espiritual de la parábola de Jesús es que el Señor prepara el terreno en el corazón de las personas y, nosotros, esparcimos la semilla de su Palabra. Cuantas más semillas distribuyamos, mayor es la probabilidad de que caigan en el terreno preparado.

Por lo tanto, el cristiano espiritualmente fuerte, que es un buen labrador espiritual, nunca dejará pasar la oportunidad de difundir el evangelio. Trabajará arduamente en esa labor ya sea que el terreno parezca duro o sensible. La Palabra de Dios tiene su propio poder, y los creyentes solo tienen que llevarla a las personas y dejar que esta haga su obra. El sembrador no tiene autoridad para manipular ni para alterar la semilla. Su función es simplemente esparcirla.

No solo el labrador espiritual diligente siembra la semilla de la Palabra, sino que también trabajará duramente para regarla y edificará sobre la siembra de alguien más. En otras palabras, *el labrador será un segador*. Como dice 2 Timoteo 2:6, "para participar de los frutos, debe trabajar primero". Una de las principales razones por las que debemos amar la siembra de la semilla es el estimulante gozo de la siega. Así como el labrador se regocija cuando recoge una buena cosecha, así también el sembrador de la Palabra de Dios alaba al Señor cuando su Palabra adquiere raíz en la vida de alguien y produce el fruto para vida eterna.

Dentro del cuádruple retrato de un cristiano espiritualmente fuerte, el maestro con frecuencia es animado por el progreso de sus estudiantes, el soldado se emociona con la visión y el sonido de la batalla, y el atleta es motivado por el desafío de la competencia. Sin embargo, el labrador generalmente trabaja solo y no tiene a nadie que lo anime.

La mayoría de los creyentes nos asemejamos más al labrador que a las otras imágenes de un cristiano espiritualmente fuerte. Puede haber ocasiones cuando las cosas son especialmente interesantes, emocionantes y remuneradoras, pero la mayor parte del tiempo pasa sin que haya nada extraordinario. Sin embargo, cualesquiera que sean nuestras responsabilidades diarias, tenemos la promesa de las bendiciones y los galardones de Dios si somos fieles. Nuestro trabajo y ministerio podría ser mal pagado, malentendido o poco apreciado por colaboradores, incluso por otros cristianos, pero esa no es la reacción de Dios: "Así que, hermanos míos amados, estad firmes y constantes, creciendo en la obra del Señor siempre, sabiendo que vuestro trabajo en el Señor no es en vano" (1 Co. 15:58; cf. 3:13-14; Ap. 2:10).

GUÍA DE ESTUDIO

Capítulo 10
La valentía de ser fuerte

Resumen del capítulo

La fortaleza espiritual es el valor de vivir sin concesiones las convicciones cristianas que uno tiene que se derivan de la Palabra de Dios y tienen su mejor ejemplo en las ilustraciones del maestro espiritual, el soldado, el atleta y el labrador.

Para comenzar (escoge una)

1. Si la decisión fuera tuya: ¿preferirías vivir como un labrador o en la ciudad? ¿Qué ventajas y desventajas hay en cada situación? Si has vivido en una granja o has visitado una por un tiempo prolongado, cuéntale a tu grupo lo que más aprecias de la labranza o el cultivo.

2. Una pregunta interesante que ha circulado en años recientes es: "¿Eres una persona de la mañana o de la tarde?". ¿Cómo responderías a esa pregunta? ¿Crees que tus actividades diarias están estructuradas para aprovechar al máximo tu mejor momento del día? ¿De qué manera, de ser así, se relaciona esto con la fortaleza espiritual? Explica tu respuesta.

Contesta estas preguntas

1. ¿Cuál es la traducción más literal de "portaos varonilmente" en 1 Corintios 16:13, y cómo aclara eso el significado de la expresión?

2. Cita cuatro pasajes del Antiguo Testamento que ilustran el concepto de fortaleza y valor.

3. ¿Qué debe ser cierto en nuestra vida si hemos de cumplir el mandato de ser espiritualmente fuertes? (cf. Ef. 3:14-16).

4. ¿Por qué valoraba Pablo tanto la ayuda de Timoteo en la iglesia de Éfeso? ¿Qué estaba sucediendo allí?

5. ¿Por qué quedó Timoteo afectado por los problemas en Éfeso? ¿Qué impacto temporal tuvo eso en su efectividad en el ministerio?

6. ¿Qué doble beneficio resulta para los que enseñan a otros?

7. Menciona cuatro razones en las que la preparación ayuda personalmente al maestro.

8. ¿Qué ha implementado el sistema mundial que justifica que los creyentes estemos en una guerra espiritual?

9. ¿En qué se asemeja ser un soldado de Cristo con ser un soldado en el ámbito secular?

10. ¿Qué metas específicas deben motivarnos a competir duramente por la victoria como atletas por Cristo?

11. Da varios ejemplos de los deportes seculares de por qué necesitamos competir según las reglas. ¿Qué dice Pablo?

12. ¿Cuál es la cosa más fascinante y quizá la más importante que no se menciona en la parábola del sembrador (Mt. 13:3-23)?

13. ¿Cuál es la moraleja de la parábola del sembrador y cómo se relaciona esta con el ser un labrador espiritual?

14. ¿Cuál de las cuatro descripciones del cristiano espiritualmente fuerte encaja mejor en la mayoría de los cristianos de aquel tiempo?

Céntrate en la oración

• Ora por tu iglesia local y por la iglesia en el mundo, para que los miembros y los dirigentes mantengan convicciones doctrinales firmes y vivan mediante principios bíblicos en todas las cosas.

• Examina una vez más las cuatro imágenes del cristiano espiritualmente fuerte e identifica dos o tres características de ellos en las que te consideras débil. Pide a Dios que te ayude a fortalecer tu vida de manera específica en esas áreas.

Aplicación de la verdad

Memoriza 1 Reyes 2:2-3 o 1 Corintios 15:58. Una tarea más exigente sería memorizar Josué 1:5-9 durante las próximas semanas. Sea cual sea el pasaje que elijas, repásalo con otro creyente para que practiques la actitud de rendir cuentas.

11

La autodisciplina: La clave de la victoria

Para muchas personas en nuestra sociedad, jugar y ver deportes es la pasión de su vida. Siguen con avidez y apoyan a sus equipos favoritos, incluso asistiendo a los partidos vestidos con ropas más extravagantes que las que usan sus hijos para los carnavales. El hecho de que hombres y mujeres adultas asistan a acontecimientos deportivos con el rostro (y a veces el cuerpo) pintados de los colores de su equipo o usando máscaras o sombreros raros nos recuerda que el vocablo "*fan*" se deriva de la palabra *fanático*.

El fanatismo con el que muchas personas miran los deportes los hace idolatrar a atletas prominentes. ¿Qué hace que esos atletas sean exitosos? La habilidad natural, la buena instrucción, y el estar en un equipo con personas y un estilo de juego que complementan sus habilidades son factores importantes. Pero hay otro factor frecuentemente ignorado que quizá sea el más importante de todos, es decir, la autodisciplina. La historia de los deportes está repleta de ejemplos de atletas cuyo esfuerzo diligente, agotador y abnegado supera su deficiencia de habilidad física.

Las personas de los tiempos bíblicos entendían la relación entre los deportes y la autodisciplina porque las competencias atléticas eran muy populares en aquellos días. Los Juegos Olímpicos y los Juegos Ístmicos de Corinto eran esperados con impaciencia. Muchas ciudades pequeñas tenían reuniones atléticas en las que los deportistas locales tomaban parte. Por lo tanto, el Nuevo Testamento frecuentemente usa las competencias atléticas como metáforas de la vida cristiana. Pablo dijo a los ancianos de la iglesia en Éfeso: "Pero de ninguna cosa hago caso, ni estimo preciosa mi vida para mí mismo, con tal que *acabe mi carrera* con gozo, y el ministerio que recibí del Señor Jesús, para dar testimonio del evangelio de la gracia de Dios" (Hch. 20:24). En Gálatas 2:2, el apóstol expresa su temor de "no correr o haber corrido en vano". Después, en la misma epístola, reprende a los gálatas así: "Vosotros corríais bien; ¿quién os estorbó para no obedecer a la verdad?" (Gá. 5:7). El apóstol exhortó a los filipenses a vivir siempre "asidos de la palabra de vida, para que en el día de Cristo yo pueda gloriarme de que no he corrido en vano, ni en vano he trabajado" (Fil. 2:16). Y a su joven discípulo Timoteo escribió: "Y también el que lucha como atleta, no es coronado si no lucha legítimamente" (2 Ti. 2:5). El epitafio del propio Pablo, escrito poco antes de su martirio, dice: "*He peleado la buena batalla, he acabado la carrera,* he guardado la fe" (2 Ti. 4:7). El gran apóstol completó su carrera triunfantemente.

El escritor de Hebreos también relaciona la vida cristiana con una carrera, exhortando a sus lectores así: "Por tanto, nosotros también, teniendo en derredor nuestro tan grande nube de testigos, despojémonos de todo peso y del pecado que nos asedia, y corramos con paciencia la carrera que tenemos por delante" (He. 12:1).

Pero la imagen más detallada de la vida cristiana como una competencia atlética aparece en la primera carta de Pablo a los corintios:

> ¿No sabéis que los que corren en el estadio, todos a la verdad corren, pero uno solo se lleva el premio? Corred de tal manera que lo obtengáis. Todo aquel que lucha, de todo se abstiene; ellos, a la verdad, para recibir una corona corruptible, pero nosotros, una incorruptible. Así que, yo de esta manera corro, no como a la ventura; de esta manera

peleo, no como quien golpea el aire, sino que golpeo mi cuerpo, y lo pongo en servidumbre, no sea que habiendo sido heraldo para otros, yo mismo venga a ser eliminado (1 Co. 9:24-27).

La única razón de correr la carrera es ser "el que se lleva el premio". Nadie que compite desea ocupar el segundo puesto. Es por eso que Pablo exhorta a los cristianos, diciéndoles: "¿No sabéis que los que corren en el estadio, todos a la verdad corren, pero uno solo se lleva el premio? Corred de tal manera que lo obtengáis" (1 Co. 9:24). ¿Cómo hacemos eso? Mediante el ejercicio de controlarnos a nosotros mismos: "de todo se abstiene" (1 Co. 9:25). En la vida cristiana, igual que en una competencia deportiva, la victoria pertenece al que es disciplinado. Los atletas de fama mundial invierten una increíble cantidad de tiempo en el entrenamiento. Pueden entrenarse muchas horas al día por varios años, obligándose a sí mismos a ignorar el dolor para perfeccionarse en su deporte. Lo hacen para recibir el equivalente moderno de una "corona corruptible". En cambio, los creyentes nos ejercitamos en la disciplina para recibir una "corona de justicia" incorruptible (2 Ti. 4:8).

En la vida cristiana, igual que en una competencia deportiva, la victoria pertenece al que es disciplinado.

Sin embargo, el duro entrenamiento de un atleta será una pérdida si viola las reglas de la competencia. Todos hemos visto la frustración de los esquiadores olímpicos que omiten accidentalmente una puerta del recorrido de *slalom* y son descalificados. Otros atletas deliberadamente han engañado y han producido vergüenza y deshonor tanto a sí mismos como a sus países. "Así que", escribió Pablo en el versículo 26, "yo de esta manera corro, no como a la ventura; de esta manera peleo, no como quien golpea el aire" (1 Co. 9:26). Se aseguró de que no se salía de la pista, sabiendo que, como más tarde escribió a Timoteo: "Y también el que lucha como atleta, no es coronado si no lucha legítimamente" (2 Ti. 2:5). Pablo temía que "habiendo sido heraldo para otros, yo mismo venga a ser descalificado" (1 Co. 9:27). No quería que la falta de disciplina le hiciera perder la victoria espiritual.

La autodisciplina puede definirse como la habilidad de regular la propia conducta a través de principios y juicios saludables en vez de hacerlo por impulsos, deseos o costumbres sociales. El famoso poema de Rudyard Kipling, titulado "Si", capta la esencia de la autodisciplina desde una perspectiva humana:

Si puedes mantener la calma cuando a tu alrededor
    todos la pierden y te culpan a ti;
Si puedes confiar en ti mismo cuando dudan de ti,
    pero tolerar también que tengan dudas;
Si puedes esperar y no cansarte de la espera,
    o cuando te mienten no responder con mentiras,
O cuando te odian no reaccionar con odio;
    ni dar la apariencia de ser muy bueno o muy sabio;

Si puedes soñar sin que te dominen tus sueños,
    si puedes pensar y no hacer de tus pensamientos tu
    único objetivo;
Si puedes enfrentar el triunfo y el desastre
    y tratar a esos dos impostores por igual;
Si puedes soportar oír la verdad que has hablado
    torcida por bribones para atrapar a los necios;
O ver destruidas las cosas por las que diste a tu vida;
    y reconstruirlas con herramientas gastadas;

Si puedes apilar todas tus ganancias
    y arriesgarlas en un momento de incertidumbre;

Y perder, y empezar de nuevo desde el principio
    y nunca decir una palabra sobre tu pérdida;
Si puedes forzar tu corazón, nervios y tendones
    a cumplir su función aunque estén agotados,
Y resistir cuando no quede nada en ti
    excepto la Voluntad que te dice: "¡Resiste!";

Si puedes hablar con las masas y mantener tu virtud,
    o andar con reyes, sin perder el toque común;
Si ni adversarios ni amigos te pueden dañar,
    si todos cuentan contigo, pero ninguno demasiado;
Si puedes llenar el minuto implacable
    con sesenta segundos de diligente labor,
Tuya es la tierra, y todo lo que en ella hay,
    y, lo mejor de todo, ¡serás un hombre, hijo mío!

Bíblicamente, la autodisciplina puede resumirse en una palabra: obediencia. Para ejercer la autodisciplina en las cosas espirituales es necesario evitar el mal mediante la permanencia dentro de los límites de la ley de Dios.

La autodisciplina es importante para cualquier actividad de la vida. Estoy agradecido por mis padres, entrenadores, profesores y otros que me ayudaron a desarrollar la autodisciplina en mi propia vida. Las personas que son capaces de concentrarse, fijar sus metas y no apartarse de sus prioridades tienden a triunfar. Ya sea en lo académico, lo artístico, lo atlético, el éxito generalmente llega al que se autodisciplina.

Por muchos años he tenido el privilegio de conocer al guitarrista clásico Christopher Parkening. Cuando tenía treinta años, se había convertido en un maestro de su instrumento. Pero ese dominio no le resultó ni fácil, ni a bajo precio. Mientras otros niños jugaban y participaban en deportes, él dedicaba varias horas al día a tocar la guitarra. El resultado de ese compromiso con la autodisciplina es un dominio de su instrumento que pocos pueden igualar.

Cómo desarrollar la autodisciplina

Puesto que la autodisciplina es tan importante, ¿cómo podemos desarrollarla? ¿Cómo pueden los padres ayudar a sus hijos a desarrollarla? Estas son algunas de las sugerencias prácticas que he encontrado provechosas:

Comienza con las cosas pequeñas. Limpia tu habitación en casa o tu escritorio en el trabajo. Entrénate en poner las cosas donde pertenecen cuando están fuera de lugar. Que el viejo adagio "un lugar para cada cosa y cada cosa en su lugar" sea tu meta. Después de que hayas limpiado tu habitación o tu escritorio, extiende esa autodisciplina al resto de la casa y de tu lugar de trabajo. Consigue llegar al punto en que el orden es importante. Aprende cómo mantener tu entorno limpio y diáfano de manera que puedas funcionar sin innumerables distracciones. Esa limpieza traerá un desarrollo adicional de la autodisciplina obligándote a tomar decisiones con respecto a lo que es importante y lo que no lo es.

> *Las personas que son capaces de concentrarse, fijar sus metas y no apartarse de sus prioridades tienden a triunfar.*

Aprender autodisciplina en las pequeñas cosas de la vida prepara el camino para los grandes éxitos. Por otra parte, los indisciplinados en las cosas pequeñas lo serán también en las más importantes. En palabras de Salomón, son las zorras pequeñas las que echan a perder las viñas (Cnt. 2:15). Cuando se trata de la integridad y la credibilidad de una persona, no hay asuntos pequeños.

Una famosa rima, basada en la derrota del rey Ricardo III de Inglaterra, en la batalla de Bosworth en 1485, ilustra la importancia de concentrarse en los detalles pequeños:

Por falta de un clavo, se perdió una herradura,
por falta de una herradura, se perdió un caballo,
por falta de un caballo, se perdió una batalla,
por falta de una batalla, se perdió un reino,
y todo por falta de un clavo de herradura.

Organízate. Escribe un plan de trabajo, tan detallado o general como creas conveniente y cúmplelo. Prepara una lista de cosas o tareas para hacer. El uso de una agenda o un programa de administración e información personal en tu computadora resultaría de ayuda. Sin importar cómo lo hagas, organízate, incluso si todo lo que haces es anotar las citas y las cosas para hacer en una hoja de papel. La triste realidad es que, si no controlas tu tiempo, todas las cosas (y todo el mundo) lo hará por ti.

No te entretengas. Cuando tengas tiempo libre, dedícalo a las cosas productivas en lugar de al simple entretenimiento. Lee un buen libro, escucha música clásica, emprende una caminata o mantén una conversación con alguien. En otras palabras, aprende a entretenerte con cosas exigentes, estimulantes y creativas. Las cosas que no tienen valor, sino solo para entretenerte, realizan una contribución insignificante a tu bienestar.

Sé puntual. Si tienes que llegar a un lugar a una hora concreta, sé puntual. "¿Amas la vida?", escribió Benjamín Franklin en su obra *Almanaque del pobre Ricardo*, "entonces no malgastes el tiempo, porque ese es el material del que la vida está hecha". El apóstol Pablo menciona que el uso adecuado del tiempo es una señal de la verdadera sabiduría espiritual: "Mirad, pues, con diligencia cómo andéis, no como necios sino como sabios, aprovechando bien el tiempo, porque los días son malos" (Ef. 5:15-16). Ser puntual señala una vida organizada. Revela una persona cuyos deseos, actividades y responsabilidades están bajo control permitiéndole llegar donde necesita estar cuando debe estar allí. Ser puntual también reconoce la importancia de otras personas y el valor de su tiempo.

Cumple tu palabra. "No te comprometas con lo que no puedes cumplir", el joven George Washington se exhortó a sí mismo, "pero sé cuidadoso en cumplir tu promesa". Si dices que vas a hacer algo, hazlo *cuando* dices que lo harás y *como* dices que lo harás". Cuando hagas compromisos, cúmplelos. Eso requiere la autodisciplina para evaluar adecuadamente si tienes el tiempo y la capacidad para hacer algo. Y una vez que hayas hecho el compromiso, la autodisciplina te capacitará para cumplirlo.

> *Los indisciplinados en las cosas pequeñas lo serán también en las más importantes.*

Realiza la tarea más difícil primero. La mayoría de las personas hacen lo contrario, gastando el tiempo en hacer las tareas fáciles y de baja prioridad. Pero cuando se les agota el tiempo (y la energía), las tareas difíciles y de alta prioridad permanecen sin hacer.

Termina lo que comienzas. La vida de algunas personas es una letanía de proyectos sin terminar. En las palabras del poeta John Greenleaf Whittier:

> De todas las palabras tristes de lengua o de pluma
> sin duda las más tristes son: "¡Pudo haber sido!".

Si comienzas algo, termínalo. Ahí yace una clave importante para desarrollar la autodisciplina.

Acepta la corrección. La corrección te ayuda a desarrollar la autodisciplina porque te muestra lo que necesitas evitar. De modo que no debes rechazarla, sino aceptarla con alegría. Salomón escribió: "Escucha el consejo, y recibe la corrección, para que seas sabio en tu vejez" (Pr. 19:20). También: "El oído que escucha las amonestaciones de la vida, entre los sabios morará. El que tiene en poco la disciplina menosprecia su alma; mas el que escucha la corrección tiene entendimiento" (Pr. 15:31-32).

Practica la abnegación. Aprende a decir no a tus emociones e impulsos. Ocasionalmente niégate placeres que son perfectamente legítimos para tu disfrute. Pasa por alto el postre de una comida. Bebe un vaso de té frío en vez de comer el helado que tanto te gusta. No comas ese dulce que ha llamado tu atención. Abstenerse de esas cosas le recordará a tu cuerpo quién tiene el control.

Acepta gustoso la responsabilidad. Ofrécete para hacer las cosas que hay que hacer. Eso te obligará a tener tu vida lo suficientemente organizada como para tener tiempo para esos proyectos.

Estas sugerencias prácticas parecerían no implicar ningún principio espiritual profundo. Pero no podemos dividir nuestras vidas entre lo secular y lo espiritual. En cambio, tenemos que vivir cada aspecto de nuestra vida para la gloria de Dios (1 Co. 10:31). Y la autodisciplina cultivada en las cosas aparentemente triviales de la vida se derramará sobre el ámbito de lo espiritual.

La motivación para desarrollar la autodisciplina

La autodisciplina es esencial para la victoria y el crecimiento espiritual. Eso de por sí debería motivar a los cristianos a procurarla diligentemente. En 1 Pedro 1:13, el apóstol escribió: "Por tanto, ceñid los lomos de vuestro entendimiento, sed sobrios, y esperad por completo en la gracia que se os traerá cuando Jesucristo sea manifestado". Pedro presenta la imagen de un soldado romano preparándose para la batalla. Para evitar ser sobrecargado por su túnica, el soldado sabía introducirse los bordes de su vestidura en su fajín. La victoria espiritual comienza con un compromiso a reunir todos los cabos sueltos en nuestra mente.

Los creyentes consiguen esa victoria siendo "sobrios en espíritu". "Sobrio" en este contexto no se refiere a no estar borracho. Más bien se refiere a tener la mente clara y a entender las prioridades. Eso significa pensar en las cosas que debemos pensar, las cosas que son verdaderas, honestas, justas, puras, amables, de buen nombre, dignas de alabanza (Fil. 4:8).

Una mente disciplinada evita los atractivos del mundo. La mente disciplinada tiene las cosas claras, con prioridades fijas y equilibradas que redundan en decisiones morales. Las personas que poseen una mente disciplinada no dan bandazos extraños a lo largo de la vida en imprudente desenfreno. Viven por principios, no por emociones. Es por eso que la sana doctrina es tan importante. Los creyentes necesitamos que las verdades divinas estén firmemente fijadas en nuestra mente para que controlen nuestras prioridades.

En Romanos 13:13-14, el apóstol Pablo contrastó una mente indisciplinada con otra controlada por la verdad bíblica: "Andemos como de día, honestamente; no en glotonerías y borracheras, no en lujurias y lascivias, no en contiendas y envidia, sino vestíos del Señor Jesucristo, y no proveáis para los deseos de la carne". Lo opuesto de andar en imprudente desenfreno por la vida, rendido a toda lujuria, impulso y deseos pecaminosos es "[vestirse] del Señor Jesucristo". Quienes lo han hecho poseen "la mente de Cristo" (1 Co. 2:16) y pensarán como Él piensa.

Pablo escribió a los tesalonicenses: "Por tanto, no durmamos como los demás, sino velemos y seamos sobrios... Pero nosotros, que somos del día, seamos sobrios" (1 Ts. 5:6, 8). Pedro exhortó a los creyentes en su primera epístola, diciéndoles: "Sed sobrios, y velad; porque vuestro adversario el diablo, como león rugiente, anda alrededor buscando a quien devorar" (1 P. 5:8). Una mente sobria es una defensa excelente en contra de los ataques de Satanás.

Las prioridades bíblicas de una persona autodisciplinada

Hemos observado ya que la autodisciplina es importante desde una perspectiva humana, y hemos enumerado algunos principios prácticos para lograrla. Pero también hay principios bíblicos que ayudan al creyente a procurar la autodisciplina. Todos ellos implican dos cosas: una idea correcta de la verdad bíblica y un compromiso a obedecer esa verdad. Examinemos esas prioridades fundamentales de una persona autodisciplinada.

Recuerda quién es tu Dueño

Nuestra sociedad narcisista, ensimismada, egocéntrica nos dice constantemente que somos reyes de nuestro pequeño mundo, que tenemos derecho a ser lo que queremos ser, establecer nuestras propias metas, buscar nuestros propios sueños, escoger nuestro propio estilo de vida, e ignorar a quienes nos dicen qué hacer o se ponen en nuestro camino. Los dos distintivos de nuestra cultura son: derechos personales y libertad personal. Pero la Biblia enseña lo contrario con toda claridad. La Biblia revela que Dios es el verdadero Dueño de todos los seres humanos porque Él los creó, y de todos los creyentes porque es nuestro Padre quien nos compró.

Los cristianos recibimos consuelo en la verdad bíblica, frecuentemente repetida, de que Dios es nuestro Padre (cf. Mt. 5:16; 18:14; 23:9; Mr. 11:25; 1 Ts. 1:3; 3:13; etc.). Pero el corolario de esa verdad frecuentemente olvidado es que debemos nuestra obediencia a Dios. En 1 Pedro 1:14 se exhorta a los creyentes a ser "hijos obedientes". Dejar de obedecer a Dios es robarle algo que propiamente le pertenece. "Si, pues, soy yo padre", demandó Dios del Israel rebelde y desobediente "¿dónde está mi honra?" (Mal. 1:6).

Los creyentes también pertenecemos a Dios porque Él nos compró a un precio inconmensurable, la muerte de su amado Hijo, Jesucristo. Pablo, con asombro, preguntó a los corintios: "¿O ignoráis que vuestro cuerpo es templo del Espíritu Santo, el cual está en vosotros, el cual tenéis de Dios, y que no sois vuestros?" (1 Co. 6:19; cf. 7:23). Y añade en el versículo 20: "Porque habéis sido comprados por precio; glorificad, pues, a Dios en vuestro cuerpo y en vuestro espíritu, los cuales son de Dios".

Pedro describe el precio que Dios pagó para redimir a los creyentes de esta manera: "Sabiendo que fuisteis rescatados de vuestra vana manera de vivir, la cual recibisteis de vuestros padres, no con cosas corruptibles, como oro o plata, sino con la sangre preciosa de Cristo, como de un cordero sin mancha y sin contaminación" (1 P. 1:18-19). En Hechos 20:28, Pablo describe a la iglesia, diciendo que fue ganada [comprada] "por su propia sangre". A los gálatas, les escribió: "Cristo nos redimió de la maldición de la ley, hecho por nosotros maldición (porque está escrito: Maldito todo el que es colgado en un madero)" (Gá. 3:13). El sorprendente precio que Dios pagó para redimirnos fue la muerte expiatoria de Cristo en la cruz, donde fue hecho maldición por nosotros. El inmaculado Hijo de Dios llevó los

> *Los cristianos iremos en pos de la santidad cuando entendamos cuál fue el precio que Jesucristo pagó para redimirnos.*

pecados de todos nosotros sobre sí mismo (2 Co. 5:21), satisfizo plenamente las demandas de la justicia de Dios (Ro. 3:26) y aplacó su santa ira contra el pecado (Ro. 3:25).

La comprensión de que no nos pertenecemos a nosotros mismos, sino que Dios es nuestro Señor y Dueño nos motivará a ser un pueblo autodisciplinado. Los cristianos iremos en pos de la santidad cuando entendamos cuál fue el precio que Jesucristo pagó para redimirnos.

Esa comprensión estaba en el corazón de la inquebrantable lealtad, dedicación y compromiso del apóstol Pablo con Dios. Pablo nunca dejó de sorprenderse de que Dios escogiera salvarlo, un hombre que implacablemente y sin descanso persiguió al pueblo de Dios. Incluso, en la etapa final de su vida, años después de que Dios lo salvó en el camino de Damasco, afirmó: "Palabra fiel y digna de ser recibida por todos: que Cristo Jesús vino al mundo para salvar a los pecadores, de los cuales yo soy el primero… Por tanto, al Rey de los siglos, inmortal, invisible, al único y sabio Dios, sea honor y gloria por los siglos de los siglos. Amén" (1 Ti. 1:15, 17).

El reconocimiento de Pablo de todas las implicaciones de su salvación lo llevó a sacrificar su comodidad, salud y, al final, su vida por el Dios que lo había redimido. Diferente de muchos cristianos, el noble apóstol nunca olvidó que en el momento de su salvación se convirtió en un hijo de Dios obediente y un esclavo voluntario. Y él otorgó fielmente, a través de todas las dificultades de su vida, la obediencia debida a su Padre y Señor. Los que, como Pablo, reconocen que no son los señores soberanos de su propia vida dan un paso importante hacia la autodisciplina.

Recuerda el pacto de salvación

Es una verdad fundamental clara e inequívocamente enseñada a lo largo de las Escrituras, que la salvación es totalmente una obra de Dios. Pecadores no regenerados, muertos en pecado (Ef. 2:1), son incapaces de salvarse a sí mismos (Ro. 5:6). Si Dios no hubiera escogido a los creyentes para salvación desde antes de la fundación del mundo (Ef. 1:4; 2 Ts. 2:13), si no hubiera enviado a Cristo a morir por sus pecados (Ro. 5:8-9), y si no los hubiera regenerado por el poder del Espíritu Santo (Tit. 3:5), ninguno sería salvo.

Sin embargo, hay otro aspecto de la salvación. La soberanía divina no elimina la responsabilidad humana. En la salvación, Dios promete perdonar a los pecadores arrepentidos, derramar su gracia en ellos y llevarlos a la gloria. Pero el creyente también hace una promesa al ser salvo: la promesa de obedecer a Jesucristo como su Señor. Esa promesa es un resultado ineludible de confesar y alejarse del pecado. Todos los seres humanos están o en rebelión contra Dios o en sumisión a Él. No hay término medio, no hay una tercera opción. La fe salvadora reconoce el pecado y, por lo tanto, incluye el arrepentimiento; la fe salvadora reconoce el señorío de Cristo y, por lo tanto, incluye la sumisión.

Es verdad que la mayoría de las personas no comprende en el momento de la salvación todo lo que implica la sumisión al señorío de Cristo. No tienen todavía un entendimiento de las Escrituras o una completa comprensión de la vida cristiana y todos sus desafíos. Pero esas personas saben que, en el acto de la salvación, se comprometen a seguir a Jesucristo.

En su primera epístola, Pedro enseñó que el resultado de la soberanía del Padre al elegir a los creyentes, y de la regeneración del Espíritu Santo, es que ellos obedecerán a Jesucristo (1 P. 1:2; cf. v. 22). Contrario a lo que algunos hacen hoy, la Biblia nunca separa la obediencia de la salvación. Esto se ve en pasajes como Hechos 6:7; Romanos 1:5; 15:18; 16:26 y Hebreos 5:9.

Las buenas obras no salvan, pero son una consecuencia inevitable de nuestra salvación.

La salvación no es simplemente un acto inicial de obediencia. También redunda en una *vida* de obediencia. En Efesios 2:10, Pablo dice: "Porque somos hechura suya, creados en Cristo Jesús para buenas obras, las cuales Dios preparó de antemano para que anduviésemos en ellas". De modo que las buenas obras están tan ligadas con la fe salvadora genuina que Santiago pudo decir: "Porque como el cuerpo sin espíritu está muerto, así también la fe sin obras está muerta" (Stg. 2:26). Por supuesto, que las buenas obras no salvan, pero son una consecuencia inevitable de nuestra salvación.

Regresando a 1 Pedro 1:2, el apóstol entonces describe a los creyentes como quienes han sido "rociados con la sangre de Jesucristo". Esa imagen es tomada prestada de la afirmación del pacto mosaico en Éxodo 24. Después de oír la lectura del pacto, los israelitas prometieron obedecerlo (Éx. 24:7). Moisés entonces les roció con la sangre del sacrificio para sellar su parte del pacto (Éx. 24:8). Cuando Pedro habló de la sangre de Cristo rociada sobre los creyentes (simbólicamente, no literalmente), representaba el compromiso de ellos con el pacto de la salvación, es decir, obediencia a Dios.

Un cristiano autodisciplinado es aquel que se acuerda del compromiso que hizo en el momento de la salvación de obedecer a Dios. Tal creyente tiene la integridad para permanecer fiel a su compromiso. (Véase de nuevo el capítulo 2 de este libro).

Reconoce que el pecado viola tu relación con Dios

El pecado es mucho más que la violación de un código. La Biblia enseña que todo pecado es, al fin y al cabo, contra Dios y viola nuestra relación con nuestro Padre celestial. Después de su repudiable pecado de adulterio con Betsabé y el resultante asesinato de su esposo, David clamó a Dios: "Contra ti, contra ti solo he pecado, y he hecho lo malo delante de tus ojos; para que seas reconocido justo en tu palabra, y tenido por puro en tu juicio" (Sal. 51:4). Pedro exhorta a los creyentes: "Y si invocáis por Padre a aquel que sin acepción de personas juzga según la obra de cada uno, conducíos en temor todo el tiempo de vuestra peregrinación" (1 P. 1:17). En otras palabras, si eres un hijo de Dios, ¡compórtate como tal! No violes tu relación íntima con Él a causa del pecado (cf. 1 Co. 6:15-17).

Pablo ilustra ese principio en su carta a los filipenses. En el capítulo 2 dio a los creyentes una serie de mandamientos (Fil. 2:2-4, 12-18). Pero el apóstol introduce esos mandamientos al dar a sus lectores la motivación para obedecerlos: el estímulo, la consolación, la comunión, el afecto y compasión de que disfrutaban debido a su relación con Dios (Fil. 2:1).

Los creyentes debemos obedecer los mandamientos de las Escrituras porque quebrantarlos viola nuestra relación con Dios. Ver el pecado bajo esa luz es una importante motivación para desarrollar la autodisciplina para evitarlo.

Controla tu imaginación

La imaginación es, en verdad, algo maravilloso. Es la parte creativa del hombre donde los artistas conciben su arte, los músicos su música, y los autores sus libros. Es donde los rascacielos, los puentes y las casas toman forma por primera vez, antes de que sus diseños sean trazados en papel. La imaginación es donde se cultivan los sueños que luego se fraguan en la vida de cada uno.

Sin embargo, igual que los otros dones de Dios a los hombres, la imaginación puede usarse de manera perversa y pecaminosa. Pero es en la imaginación donde la tentación se anida, las fantasías malignas surgen y las pasiones pecaminosas se inflaman. Para convertirte en una persona autodisciplinada, necesitas aprender a controlar tu imaginación. Es ahí donde debe pelearse la batalla contra el pecado.

Santiago 1:14-15 expone el origen del pecado y cómo progresa de la tentación al acto pecaminoso: "sino que cada uno es tentado, cuando de su propia concupiscencia es atraído y seducido. Entonces la concupiscencia, después que ha concebido, da a luz el pecado; y el pecado, siendo consumado, da a luz la muerte". El problema del hombre no yace en su ambiente, aunque vivir en un mundo pecaminoso y caído hace inevitable el peligro de la tentación. El problema está dentro de nosotros, en nuestra imaginación. Ahí las circunstancias, las situaciones, los pensamientos, las palabras y los conceptos pecaminosos a los que somos expuestos son interiorizados. La imaginación, pues, se convierte en el lugar donde la tentación es alimentada y las fantasías se desarrollan y, si no se vigilan, producirán actos pecaminosos. La imaginación lleva a cabo las acciones pecaminosas aun antes de que sean cometidas (cf. Mt. 5:21-22, 27-28).

La imaginación es donde la batalla contra el pecado se gana o se pierde. Hay dos pensamientos en conflicto que luchan por el control de nuestra imaginación cuando somos tentados. Uno es el que dice que el pecado traerá placer (He. 11:25). El otro es que el pecado deshonrará a Dios. Ahí es donde yace la batalla. ¿Cuál de estos pensamientos se apoderará de la imaginación, levantará las emociones y moverá la voluntad?

¿Cómo podemos contraatacar el pecado que procura cautivar nuestra imaginación? El salmista sabía la respuesta: "En mi corazón he guardado tus dichos, para no pecar contra ti" (Sal. 119:11). La lectura y el estudio de la Palabra y, sobre todo, la meditación en las Escrituras (Jos. 1:8; Sal. 19:14; Fil. 4:8) llena nuestra imaginación de la verdad divina, dificultando que las tentaciones pecaminosas tengan un punto de apoyo.

> La imaginación es donde la batalla contra el pecado se gana o se pierde.

La batalla espiritual tiene campos bien definidos. Podemos llenar nuestra mente con verdades bíblicas saludables y conocer la victoria sobre el pecado. O podemos permitir que las tentaciones pecaminosas, a las que estamos constantemente expuestos, gobiernen nuestra imaginación sin control. Eso conducirá a la derrota en la batalla espiritual y a las consecuencias trágicas del pecado. La expresión de las ciencias de la computación, "basura entra, basura sale", se aplica también a la vida espiritual. Una persona autodisciplinada prestará atención al consejo sabio de Salomón: "Sobre toda cosa guardada, guarda tu corazón; porque de él mana la vida" (Pr. 4:23).

Concéntrate en las causas de Dios

Una última manera de llegar a ser autodisciplinado es cambiar el punto de atención de uno mismo y ponerlo en las causas de Dios. Aun los inconversos harán sacrificios inmensos, casi increíbles, por las causas con las que están comprometidos. ¿Podemos nosotros, que servimos al Dios vivo, hacer menos? Es evidente que las personas cuya vida importa a Dios no son egoístas con respecto a esa misma vida. Jim Elliot, un misionero mártir, escribió: "No es un tonto quien da lo que no puede retener para ganar lo que no puede perder" (Elisabeth Elliot, *La sombra del Todopoderoso*, Miami: Vida, 2007], s.p.). Como cristianos, confrontamos una amedrentadora tarea como embajadores de Dios, llevando el mensaje vivificante de reconciliación al mundo perdido (2 Co. 5:19-20). La enormidad de ese desafío, si lo tomamos seriamente, nos obligará a autodisciplinarnos, porque solo entonces podemos servir eficazmente la causa de nuestro Maestro. Comenzarás a juntar los cabos sueltos de tu vida cuando ya no estés viviendo para ti mismo.

Muchos hoy día parecen pensar que la meta de la vida cristiana es que Jesús nos haga saludables, ricos y felices. Pero si eso es verdad, alguien olvidó decírselo al apóstol Pablo. Casi desde el momento de su conversión en el camino a Damasco, Pablo sufrió penurias, persecución y dolor por la causa de Cristo. Las palabras proféticas de Jesús acerca de él: "porque yo le mostraré cuánto le es necesario padecer por mi nombre" (Hch. 9:16), estableció el rumbo del resto de la vida de Pablo.

Sin embargo, a pesar de los sufrimientos que padeció, el compromiso de Pablo y su dedicación a cumplir con el ministerio que el Señor le dio nunca vaciló. Hechos 20 relata la visita del apóstol a Mileto, una ciudad en Asia Menor a unos cuarenta y ocho kilómetros al sur de Éfeso. Dándose prisa para llegar a Jerusalén el día de Pentecostés (Hch. 20:16), Pablo no visitó la ciudad de Éfeso, donde había ministrado durante mucho tiempo. Pero no podía dejar pasar la oportunidad para dar a los ancianos de la iglesia en Éfeso una última palabra de exhortación y ánimo (Hch. 20:17ss). En el contexto de ese mensaje de despedida, Pablo aludió a sus temores por su seguridad una vez que llegara a Jerusalén:

Ahora, he aquí, ligado yo en espíritu, voy a Jerusalén, sin saber lo que allá me ha de acontecer, salvo que el Espíritu Santo por todas las ciudades me da testimonio, diciendo que me esperan prisiones y tribulaciones. Pero de ninguna cosa hago caso, ni estimo preciosa mi vida para mí mismo, con tal que acabe mi carrera con gozo, y el ministerio que recibí del Señor Jesús, para dar testimonio del evangelio de la gracia de Dios (Hch. 20:22-24).

Había algo mucho más allá de Pablo que lo impulsaba, algo tan importante para él que, comparado con esto, su vida no tenía valor para él: servir a Cristo hasta su último aliento. La dedicación de Pablo a la causa de Cristo produjo en él una tremenda autodisciplina. Y esa autodisciplina lo mantuvo en el camino hasta el final de su vida (2 Ti. 4:7).

Cuando recuerdas quien es tu Dueño, reconoces el pacto de obediencia que hiciste en el momento de la salvación, reconoces el pecado como una violación de tu relación con Dios, aprendes a controlar tu imaginación y vives para proclamar el reino de Dios, te conviertes en una persona autodisciplinada que agrada al Señor.

Guía de estudio

Capítulo 11

La autodisciplina: La clave de la victoria

Resumen del capítulo

La autodisciplina es una clave esencial para el crecimiento espiritual. Por lo tanto, los cristianos debemos procurarla diligentemente.

Para comenzar (escoge una)

1. Piensa en un tiempo cuando practicaste algún deporte: ¿Qué sacrificios se exigieron de ti? ¿Qué te motivó a hacerlos? ¿De qué manera el nivel de tu autodisciplina afectó tu rendimiento?

2. Menciona a una persona cuyo compromiso con Dios ha sido un ejemplo para ti. (Esto podría ser una persona a quien conozcas personalmente o una persona de la historia de la iglesia). Brevemente, explica por qué escogiste a esa persona.

Contesta estas preguntas

1. ¿Por qué usa la Biblia metáforas atléticas para describir la vida cristiana?

2. Da una definición práctica y otra bíblica de la autodisciplina.

3. Explica por qué la autodisciplina es necesaria para dominar cualquier esfuerzo en la vida.

4. ¿Por qué es la autodisciplina importante en las cuestiones que al parecer son insignificantes? ¿Por qué no hay cuestiones pequeñas cuando se trata de la integridad de una persona?

5. Explica la relación entre la corrección y la autodisciplina.

6. Escribe una lista de las directrices bíblicas que te ayudarán a ser sobrio en espíritu.

7. ¿Qué dos elementos son comunes a todos los principios bíblicos para la autodisciplina?

8. ¿Por qué es Dios el legítimo Dueño de todos los hombres y de los creyentes en particular?

9. ¿Cuál es el compromiso del hombre en el pacto de la salvación?

10. Explica por qué el pecado implica más que solo quebrantar la ley de Dios.

11. Traza el origen y el desarrollo de nuestros actos pecaminosos.

12. ¿Cómo podemos ganar la batalla contra las tentaciones que asaltan nuestra imaginación?

Céntrate en la oración

- Medita en el precio que Dios pagó para redimirte. Dale gracias por tu salvación, y decide autodisciplinarte para la piedad (1 Ti. 4:7), para poder servirle más eficazmente.

- Pide a Dios que te ayude a ganar la batalla contra la tentación en tu imaginación. Pídele que te dé la victoria sobre los pecados secretos mientras estudias fielmente y meditas en su Palabra.

Aplicación de la verdad

Repasa la lista de los pasos prácticos para el desarrollo de la autodisciplina que aparecen en el capítulo, e identifica tus puntos fuertes y los débiles. Haz un compromiso de comenzar a trabajar en tus debilidades y pídele a alguien que te ayude a rendir cuentas.

12

Adorar a Dios en espíritu y en verdad

HACE AÑOS UN EXPLORADOR emprendió un viaje largo y difícil a través de la casi impenetrable selva de la región del Alto Amazonas. Intentando ganar tiempo, obligó a los porteadores a ir adelante sin descanso, viajando a marcha forzada durante dos días. Pero al tercer día, al llegar al límite de sus fuerzas, los hombres se sentaron al lado de sus cargas y rehusaron obedecer. Al final, en su frustración exigió una explicación del capataz: "Están esperando que el alma de cada uno de ellos se ponga a la par con el cuerpo", fue la respuesta.

Esa historia describe acertadamente la situación en la que se encuentran muchos cristianos. Fatigados a causa de sus frenéticas actividades religiosas, necesitan detenerse y dejar que su alma se ponga a la par con el cuerpo. Como Marta (cf. Lc. 10:40), están distraídos con su servicio espiritual. Como María, necesitan sentarse a los pies del Señor en adoración reverente (Lc. 10:39, 42).

Sin embargo, en la iglesia egocéntrica y pragmática de hoy día, la adoración no constituye un énfasis principal. En su interés por apelar a las necesidades personales de los no cristianos, muchas iglesias han transformado radicalmente sus cultos dominicales. Casi cualquier cosa es válida: música secular contemporánea, parodias, presentaciones audiovisuales elaboradas, comedías, bailes, actos de magia, o sea, cualquier cosa, al parecer, excepto la predicación bíblica sólida y la adoración a Dios de corazón.

Convertir el culto de adoración en un ridículo circo de entretenimiento evangélico inevitablemente restará importancia a la adoración. La adoración no tiene cabida en un culto dirigido a entretener a los no cristianos "interesados" y a hacerlos sentir cómodos y no amenazados. Puesto que está centrada en Dios, la adoración no florece en una atmósfera antropocéntrica.

Convertir a los no creyentes en el punto central cuando la iglesia se reúne es una trágica tergiversación del modelo bíblico. La iglesia debe reunirse primordialmente para adorar, no para evangelizar. Debe reunirse para alabar y adorar a Dios colectivamente, no para entretener a los inconversos. La meta de la iglesia no es para que los incrédulos se sientan cómodos. En realidad, es exactamente lo contrario. Cuando un inconverso entra en una iglesia que adora a Dios, "lo oculto de su corazón se hace manifiesto; y así, postrándose sobre el rostro, adorará a Dios, declarando que verdaderamente Dios está entre vosotros" (1 Co. 14:25). De modo que adorar no es una opción que se incorpora tranquilamente en la vida de la iglesia de la manera más inofensiva y directa posible o se ignora totalmente. Es el corazón mismo y el alma de todo lo que somos como cristianos. En realidad, mi definición favorita de un cristiano se encuentra en Filipenses 3:3, donde el apóstol Pablo describe a los cristianos como quienes "en espíritu servimos a Dios y nos gloriamos en Cristo Jesús".

> *El servicio es importante, pero tiene que fluir de un corazón adorador.*

Una iglesia puede adorar colectivamente solo si está compuesta de adoradores, solo si es una iglesia de Marías y no solo de Martas. Sin embargo, hay que notar que ser un adorador no excluye servir a Dios. La misma María que se sentó reverentemente a los pies de Jesús también realizó uno de los actos más humildes de servicio registrado en las Escrituras (Jn. 12:3). El servicio es importante, pero tiene que fluir de un corazón adorador.

Definición de la adoración

Juan 4:20-24 proporciona un buen punto de partida para una discusión bíblica de la adoración:

> Nuestros padres adoraron en este monte, y vosotros decís que en Jerusalén es el lugar donde se debe adorar. Jesús le dijo: Mujer, créeme, que la hora viene cuando ni en este monte ni en Jerusalén adoraréis al Padre. Vosotros adoráis lo que no sabéis; nosotros adoramos lo que sabemos; porque la salvación viene de los judíos. Mas la hora viene, y ahora es, cuando los verdaderos adoradores adorarán al Padre en espíritu y en verdad; porque también el Padre tales adoradores busca que le adoren. Dios es Espíritu; y los que le adoran, en espíritu y en verdad es necesario que adoren.

El pasaje registra una porción de la conversación entre Jesús y una mujer samaritana. De regreso a Galilea, después de ministrar en Judea, Jesús se detuvo en un pozo cerca de la aldea de Sicar en Samaria. Sediento después del viaje, Jesús pidió a la mujer que sacara agua y le diera de beber. Perpleja, ella le preguntó por qué Él, un judío, le pediría a una despreciada samaritana que le diera agua. Jesús entonces alejó la conversación del tema del agua física al del agua como símbolo de la vida eterna. Ella ansiosa le pidió a Jesús de esa agua, pero la respuesta enigmática de Jesús fue que ella fuera primero a buscar a su marido y lo trajera con ella. Esa simple petición descubrió su pecado, ya que había estado casada cinco veces y ahora vivía con un hombre que no era su marido.

Apenada por su solicitud, la mujer cambió el tema, refiriéndose al tema ardientemente debatido de dónde debía adorarse a Dios. Los judíos naturalmente sostenían que Dios solo podía ser adorado debidamente en el templo en Jerusalén. Los samaritanos optaban por el monte Gerizím, no muy lejos de Sicar, donde su templo había estado antes de su destrucción cerca de un siglo antes. Aunque ese templo nunca fue restaurado, los samaritanos continuaban adorando en el monte Gerizím. El tema de la conversación, entonces, era la adoración. La mujer correctamente entendió que enderezar su vida era un acto de adoración.

La adoración puede definirse como el honor dado a un ser superior. El vocablo "adorar" procede del latín *adorare* (de *ad*=a y *orare*=orar), es decir, reverenciar y honrar a Dios. El vocablo connota otorgar valor y honra a alguien o algo. El vocablo griego traducido "adorar" en Juan 4 es *proskyne* que literalmente significa "hacer el gesto de inclinarse para besar las manos o los pies de alguien", "arrodillarse delante de alguien" o "postrarse delante de alguien superior".

La adoración debe distinguirse del ministerio. El ministerio llega a nosotros del Padre, a través del Hijo, en el poder del Espíritu Santo, y luego fluye de nosotros. La adoración procede de nosotros a través del poder del Espíritu en el nombre del Hijo y vuelve al Padre. El ministerio desciende a nosotros del Padre. La alabanza asciende de nosotros al Padre. El ministerio puede asemejarse a los profetas que hablaron al pueblo por Dios. La adoración puede asemejarse a los sacerdotes que hablaron a Dios por el pueblo.

Sin embargo, el ministerio no debe considerarse como algo sin relación con la adoración. En realidad, el propósito del ministerio es hacer resaltar la adoración. Escuchar la enseñanza de la Palabra de Dios aumenta nuestra capacidad para adorar a Dios, y escuchar a otros ministrar mediante el canto eleva nuestro corazón a Dios en alabanza. Si vas a la iglesia procurando solo recibir, te has equivocado. Nos reunimos con otros creyentes para ministrarlos e, incluso, lo que recibimos nos capacita para dar. La Biblia enseña que las acciones igual que las actitudes y las palabras pueden constituir adoración (cf. Ro. 15:16; Fil. 1:11; 4:18; 1 Ti. 2:3; He. 13:15-16).

Adorar es dar a Dios el honor que Él merece. Brota de un corazón lleno de gratitud por el poder salvador de Dios y su bondad sin límites. "Rebosa mi corazón palabra buena; dirijo al rey mi canto; mi lengua es pluma de escribiente muy ligero" (Sal. 45:1). El vocablo hebreo traducido "rebosa" significa "burbujear" como el agua hirviendo que se desborda en una olla. El libro de Salmos se divide en cinco partes, cada una de ellas termina con una doxología. Todas las verdades en los salmos con respecto a la naturaleza y a las obras de Dios redundan en una expresión de alabanza que brota de corazones adoradores.

De igual manera, después de escribir once capítulos en Romanos exponiendo la doctrina de la salvación, Pablo irrumpe en alabanza a Dios:

> ¡Oh profundidad de las riquezas de la sabiduría y de la ciencia de Dios! ¡Cuán insondables son sus juicios, e inescrutables sus caminos! Porque ¿quién entendió la mente del Señor? ¿O quién fue su consejero? ¿O quién le dio a él primero, para que le fuese recompensado? Porque de él, y por él, y para él, son todas las cosas. A él sea la gloria por los siglos. Amén (Ro. 11:33-36).

Pablo concluye la carta a los romanos con otra doxología:

> Y al que puede confirmaros según mi evangelio y la predicación de Jesucristo, según la revelación del misterio que se ha mantenido oculto desde tiempos eternos, pero que ha sido manifestado ahora, y que por las Escrituras de los profetas, según el mandamiento del Dios eterno, se ha dado a conocer a todas las gentes para que obedezcan a la fe, al único y sabio Dios, sea gloria mediante Jesucristo para siempre. Amén (Ro. 16:25-27).

Gálatas 1:3-5, 1 Timoteo 1:13-17 y 2 Timoteo 4:18 registran otras ocasiones en los que el corazón de Pablo se desborda de alabanza y adoración a Dios.

En su conversación con la mujer samaritana, Jesús establece tres verdades fundamentales con respecto a la adoración: su origen, su objeto y su naturaleza. Entender esos principios clave te ayudará a adorar a Dios como Él merece.

El origen de la adoración

¿Dónde se origina la adoración? Jesús contestó esa pregunta cuando le dijo a la mujer samaritana: "Mas la hora viene, y ahora es, cuando los verdaderos adoradores adorarán al Padre en espíritu y en verdad; porque también el Padre tales adoradores busca que le adoren" (Jn. 4:23). Las personas se convierten en verdaderos adoradores de Dios solo porque es Él quien primero los busca. Jesús dijo en Lucas 19:10: "Porque el Hijo del Hombre vino a buscar y a salvar lo que se había perdido". El hombre caído, muerto en delitos y pecados (Ef. 2:1), es incapaz de buscar a Dios por sí solo. Y, como Pablo escribió en Romanos 3:10-12, nadie lo hace: "Como está escrito: No hay justo, ni aun uno; no hay quien entienda, no hay quien busque a Dios. Todos se desviaron, a una se hicieron inútiles; no hay quien haga lo bueno, no hay ni siquiera uno". Por esa razón, Cristo declaró en Juan 6:44: "Ninguno puede venir a mí, si el Padre que me envió no le trajere". El hombre está perdido, y es Dios quien lo busca. Por lo tanto, el origen de la verdadera adoración es Dios mismo. Los cristianos nos convertimos en verdaderos adoradores de Dios en el momento de la salvación, continuamos adorándolo a lo largo de nuestra vida y, junto con los santos ángeles, lo adoraremos por la eternidad.

La adoración en el Antiguo Testamento

La meta del plan redentor de Dios en el Antiguo Testamento fue la de atraer adoradores a sí mismo. Cinco simples verdades, constantemente repetidas a través del Antiguo Testamento, resumen su contenido.

El Antiguo Testamento revela el carácter de Dios. Presenta la grandeza, la majestad, la maravilla y la santidad de su persona y su obra.

El Antiguo Testamento pronuncia bendiciones sobre quienes adoran y obedecen a Dios. El salmista escribió: "Bienaventurado el hombre que teme a Jehová, y en sus mandamientos se deleita en gran manera" (Sal. 112:1).

El Antiguo Testamento pronuncia maldiciones sobre quienes desobedecen y dejan de adorar a Dios. Deuteronomio 28:15-20 enumera algunas de las maldiciones prometidas a Israel por su desobediencia.

El Antiguo Testamento enseña la necesidad de un sacrificio definitivo por el pecado. Aquel que derrotaría a Satanás, al pecado y a la muerte fue prometido ya en Génesis 3:15. Y los innumerables corderos sacrificados bajo la ley mosaica ilustraban el sacrificio final del Cordero de Dios (cf. Jn. 1:29). Después de su muerte, Jesús reiteró a sus discípulos la enseñanza veterotestamentaria con respecto a sí mismo (Lc. 24:27, 44-47).

El Antiguo Testamento enseña que el Mesías un día establecerá su glorioso reino en la tierra. Isaías 11, entre muchos otros pasajes, describe ese reino venidero.

Todas esas verdades fundamentales deben generar adoración. La naturaleza y las obras de Dios nos mueven a alabarlo. Los que adoramos al verdadero Dios somos bienaventurados, pero quienes no lo hacen son malditos. El sacrificio de Jesucristo, el Mesías prometido, es el medio que Dios usa para redimir a los pecadores que se convierten en verdaderos adoradores. Y el reino glorioso, con el estado eterno que le sigue, será un tiempo de alabanza y adoración interminables al Rey.

La adoración es introducida en Génesis. Los patriarcas Abraham, Isaac y Jacob eran adoradores de Dios. En el Pentateuco, Dios ordenó y reguló la adoración. La descripción detallada del tabernáculo, que abarca casi doscientos cincuenta versículos en Levítico, enfatizaba la alta prioridad que Dios dio a la adoración. La estructuración divinamente ordenada del campamento de Israel durante la peregrinación por el desierto también enfatiza la importancia de la adoración. El tabernáculo era el foco central del campamento, con las diferentes tribus acampadas a su alrededor por los cuatro lados (Nm. 2:2ss). El propósito de la ley mosaica, incluyendo todas las ceremonias prescritas, los rituales y los sacrificios, debía regular la adoración de Dios. El libro de los Salmos era el himnario de Israel, expresando alabanza y adoración a Dios. Y la misión de los profetas era reprender la falsa adoración de Israel y llamar al pueblo a regresar a una adoración adecuada del verdadero Dios (cf. Is. 1:11-20; Os. 6:4-6; Am. 5:21-24; Mal. 1:6-14).

Negativamente, la importancia de la adoración en el Antiguo Testamento puede verse en las severas consecuencias de la adoración inadecuada. El fracaso de Adán y Eva de adorar debidamente a Dios llevó a la raza humana al pecado. La adoración inadecuada de Caín fue rechazada, después de lo cual asesinó a su hermano Abel en un brote malvado de celos. La apropiación ilegal del incienso usado en la adoración a Dios se castigó con la muerte (Éx. 30:34-38). Nadab y Abiú fueron ejecutados por dejar de llevar a cabo su responsabilidad sacerdotal con respecto a la adoración de la manera prescrita (Lv. 10:1-3). La intrusión de Saúl en las funciones sacerdotales le costó su reinado (1 S. 13:8-14). Uza se equivocó al no tratar el arca del pacto con el respeto debido y Dios lo mató por su irreverente acto de adoración (2 S. 6:6-7).

En Mateo 22, se le preguntó a Jesús cuál era el más grande mandamiento de la ley. Su respuesta no solo resumió el propósito de la ley, sino de todo el Antiguo Testamento: "Amarás al Señor tu Dios con todo tu corazón, y con toda tu alma, y con toda tu mente. Este es el primero y grande mandamiento. Y el segundo es semejante: Amarás a tu prójimo como a ti mismo. De estos dos mandamientos depende toda la ley y los profetas" (Mt. 22:37-40). La ley y los profetas (una designación judía para el Antiguo Testamento), por lo tanto, tenían como su propósito final fomentar la verdadera adoración.

La adoración en el Nuevo Testamento

El Nuevo Testamento registra el cumplimiento del plan redentor anticipado en el Antiguo Testamento y también enfatiza la adoración como la meta final de la salvación.

Cuando Jesús vino al mundo, lo hizo para ser adorado. Jesús recibió adoración aun antes de su nacimiento, por los padres de Juan el Bautista (Lc. 1:41-42, 67-69). Tanto en su nacimiento como poco después fue adorado por los ángeles (He. 1:6), por los pastores (Lc. 2:8-20) y por los sabios del Oriente (Mt. 2:1-2, 11). Incluso el malvado rey Herodes manifestó un falso deseo de adorarlo (Mt. 2:8). Durante su ministerio, Jesús recibió adoración de un leproso (Mt. 8:2), el principal de una sinagoga (Mt. 9:18), sus discípulos (Mt. 14:33), Jacobo, Juan y la madre de ellos (Mt. 20:20), un ciego a quien había sanado (Jn. 9:38), e incluso un endemoniado cuyos atormentadores infernales sabían muy bien quien era Jesús (Mr. 5:6). Después de su resurrección, las mujeres (Mt. 28:9) y sus discípulos (Mt. 28:17) rindieron adoración reverente a Jesús.

El libro de Apocalipsis concluye el Nuevo Testamento ofreciendo constantes vistazos de la adoración que tiene lugar en el cielo (Ap. 4:10; 5:14; 7:11; 11:16; 19:4). De modo que, de principio a fin, el Nuevo Testamento revela el desarrollo del plan redentor de Dios para atraer a sí mismo a los verdaderos adoradores (cf. Ro. 12:1; Fil. 3:3; He. 12:28).

El objeto de la adoración

En su conversación con la mujer samaritana, Jesús reveló dos realidades con respecto a Dios que son esenciales para la verdadera adoración. Dios debe ser adorado como Padre (Jn. 4:21, 23) y como Espíritu (Jn. 4:24).

Adorar a Dios como Espíritu

Decir que Dios es espíritu es definir su naturaleza esencial. No debe ser concebido o representado en términos materiales: "porque un espíritu no tiene carne ni huesos" (Lc. 24:39). Por lo tanto, cualquier forma de idolatría es errónea y blasfema, como lo es cualquier punto de vista panteísta que identifica a Dios con el universo.

Como espíritu, Dios es invisible (Col. 1:15; 1 Ti. 1:17). Él no puede ser visto, aunque se ha revelado a través de manifestaciones físicas. En el Antiguo Testamento, Dios reveló su presencia por medio de fuego, una nube y la *Shekinah* (la manifestación visible de la gloria de Dios; cf. 2 Cr. 7:1-2). El Nuevo Testamento presenta la revelación final de Dios cuando se hizo hombre en la persona de Jesucristo. Pero Dios no puede ser visto en su naturaleza esencial. El apóstol Juan escribió: "A Dios nadie le vio jamás; el unigénito Hijo, que está en el seno del Padre, él le ha dado a conocer" (Jn. 1:18).

Como espíritu, Dios también es eterno e inmortal (1 Ti. 1:17). Decir que Dios es eterno significa que no fue creado y que siempre ha existido. Decir que es inmortal significa que no está sujeto a la muerte y que siempre existirá.

La Biblia señala repetidas veces la pecaminosa insensatez de reducir a Dios a una imagen o limitarlo a un sitio específico. A los filósofos paganos de Atenas, Pablo les dijo: "no debemos pensar que la Divinidad sea semejante a oro, o plata, o piedra, escultura de arte y de imaginación de hombres" (Hch. 17:29). En 1 Reyes 20:28, Dios reprendió a los sirios porque insensatamente se imaginaron que el Dios de Israel estaba limitado a las montañas. Dios reprendió a los malvados en el Salmo 50:21 porque se imaginaron que Él era como ellos. En Isaías 46:5, Dios exigió: "¿A quién me asemejáis, y me igualáis, y me comparáis, para que seamos semejantes?". La obvia respuesta es: "A nadie". Aun el tabernáculo y el templo no albergaban ninguna representación de Dios. Aunque su presencia era visiblemente manifiesta en esos lugares, estos no contenían ninguna figura que representara a Dios.

Para adorar a Dios debidamente, debemos adorarlo como un espíritu, dándole alabanza y honor por sus "cosas invisibles" (Ro. 1:20), tales como su omnipotencia, omnisciencia, omnipresencia, inmutabilidad, eternidad, amor, justicia, bondad, amabilidad, misericordia, gracia, justicia, ira y santidad. Adorar a Dios es exaltarlo por sus poderosos hechos de la creación y la redención además de reconocer con gratitud su cuidado providencial de nosotros.

Adorar a Dios es exaltarlo por sus poderosos hechos de la creación y la redención además de reconocer con gratitud su cuidado providencial de nosotros.

Adorar a Dios como Padre

Los judíos de los días de Jesús pensaban de Dios como Padre en el sentido de Creador, aquel que llevó a Israel a la existencia como nación. Para ellos, *Padre* no era una expresión de intimidad, sino de creación. Pero ese no es el sentido en que Jesús usó dicho vocablo aquí. Cuando Jesús se refirió a Dios como Padre, no se estaba refiriendo a Él como Padre de la humanidad o de la nación de Israel, sino como a su propio Padre. Jesús afirmaba, por lo tanto, que poseía la misma naturaleza esencial de Dios, una reivindicación que conmocionó y enfureció a sus oponentes judíos. En el siguiente capítulo del Evangelio de Juan, Jesús confrontó a algunos de esos adversarios con esta verdad esencial. Les declaró: "Mi Padre hasta ahora trabaja, y yo trabajo" (Jn. 5:17). A diferencia de muchos herejes modernos que niegan la deidad de Cristo, los adversarios de Jesús entendieron perfectamente las asombrosas implicaciones de esa declaración. Juan observa: "Por esto los judíos aún más procuraban matarle, porque… decía que Dios era su propio Padre, haciéndose igual a Dios" (Jn. 5:18). Ellos percibieron la afirmación de Jesús de ser igual a Dios como blasfemia.

No obstante, Jesús defendió su argumento, declarando que hacía las mismas obras que el Padre hace (Jn. 5:19), incluyendo resucitar a los muertos (Jn. 5:21) y ejecutar juicio (Jn. 5:22). Además, la voluntad de Jesús está en perfecta armonía con la del Padre (Jn. 5:20) y Él tiene vida en sí mismo, tal como la tiene el Padre (Jn. 5:26). Puesto que sus palabras son las palabras del Padre, sus obras son del Padre, su juicio es el juicio del Padre, su voluntad es la voluntad del Padre, y su vida es la vida del Padre, Jesús es digno del mismo honor que el Padre (Jn. 5:23).

Juan registró otra ocasión cuando Jesús afirmó ser de la misma esencia que el Padre. En Juan 10:30, Jesús dijo a sus adversarios judíos: "Yo y el Padre uno somos". No se limitó a decir que tenía el mismo propósito que el Padre; si eso fuera todo lo que quiso decir, no habría afirmado más de lo que afirmaron los profetas. Y de nuevo sus adversarios claramente entendieron las implicaciones de la afirmación de Jesús, tal como lo demuestra su violenta reacción: "Entonces los judíos volvieron a tomar piedras para apedrearle. Jesús les respondió: Muchas buenas obras os he mostrado de mi Padre; ¿por cuál de ellas me apedreáis? Le respondieron los judíos, diciendo: Por buena obra no te apedreamos, sino por la blasfemia, porque tú, siendo hombre, te haces Dios" (Jn. 10:31-33).

La verdadera adoración necesariamente tiene que ver a Dios como uno en esencia con Jesucristo. O, dicho de otra manera, los verdaderos adoradores tienen que adorar a Jesús como Dios. No hay adoración genuina de Dios sin el completo reconocimiento de la deidad de Jesucristo (cf. Jn. 5:23). Los que intentan separar la deidad del Hijo de la adoración son blasfemos y se colocan bajo la maldición de Dios (1 Co. 16:22).

La naturaleza de la adoración

La verdadera adoración no solo contempla a Dios como su fuente y objeto, también evita dos extremos fatales: las herejías entusiastas y la ortodoxia árida y sin vida. Los samaritanos y los judíos tipificaron esos dos extremos.

La adoración de los samaritanos era vital, dinámica, apasionada y casi electrizante en su intensidad. La destrucción de su templo en el monte Gerizím un siglo antes no les había desconcertado, y ellos continuaron adorando en ese monte en tiempos de Jesús. De hecho, un puñado de samaritanos devotos todavía hoy adoran allí.

Sin embargo, a pesar de su celo, la adoración de los samaritanos se caracterizaba por la ignorancia. Jesús le dijo a la mujer samaritana: "Vosotros adoráis lo que no sabéis; nosotros adoramos lo que sabemos, porque la salvación viene de los judíos" (Jn. 4:22). Los samaritanos solo aceptaban el Pentateuco (los cinco libros de Moisés, de Génesis a Deuteronomio) y rechazaban el resto del Antiguo Testamento. Sin duda, el Pentateuco contiene muchas verdades importantes. Por ejemplo, pasajes tales como Génesis 3:15 y Deuteronomio 18:15 llevaron a los samaritanos a anticipar la venida del Mesías. Después de su conversación con Jesús, la mujer regresó a su aldea y

No hay adoración genuina de Dios sin el completo reconocimiento de la deidad de Jesucristo.

emocionadamente exclamó: "Venid, ved a un hombre que me ha dicho todo cuanto he hecho. ¿No será este el Cristo?" (Jn. 4:29). Pero al tener solo el Pentateuco, había mucho que no podían saber. Por eso, Jesús caracterizó su adoración de ignorante.

Por otro lado, los judíos de los días de Jesús (con la excepción de los saduceos) aceptaban todo el Antiguo Testamento como divinamente inspirado. Jesús dijo a la mujer samaritana: "nosotros [los judíos] adoramos lo que sabemos; porque la salvación viene de los judíos" (Jn. 4:22). Aunque se basaba en todo lo que Dios había revelado, la adoración de los judíos era deficiente en la devoción interna a Dios que producía una adoración apasionada. Su tendencia era a ser fríamente legalista en extremo, incluso hipócrita. Fue por eso que Cristo limpió el templo y condeno a los judíos por su hipocresía en su primer gran sermón, el Sermón del Monte. Debe notarse especialmente lo que dijo en Mateo 6:1-2: "Guardaos de hacer vuestra justicia delante de los hombres, para ser vistos por ellos; de otra manera no tendréis recompensa de vuestro Padre que está en los cielos. Cuando, pues, des limosna, no hagas tocar trompeta delante de ti, como hacen los hipócritas en las sinagogas y en las calles, para ser alabados por los hombres; de cierto os digo que ya tienen su recompensa". Esos versículos captan la esencia de la religión de los judíos. Era solo un espectáculo externo, vacío de toda devoción interior y de amor hacia Dios.

Tristemente, esos dos extremos de falsa adoración permanecen con nosotros hoy. Algunos adoran a Dios solo de labios, pero el corazón de cada uno de ellos está lejos de Él (cf. Is. 29:13). Otros promueven la herejía con entusiasmo. ¿Cómo podemos evitar la herejía entusiasta del monte Gerizím y la árida ortodoxia de Jerusalén? Mediante la adoración de Dios en espíritu y en verdad, Jerusalén tenía la verdad, pero no el espíritu; el monte Gerizim tenía el espíritu, pero no la verdad. La verdadera adoración debe incluir ambas cosas. Jesús declaró: "Dios es Espíritu, y los que le adoran, en espíritu y en verdad es necesario que le adoren" (Jn. 4:24).

Adorar a Dios en espíritu

El vocablo "espíritu" en el versículo 24 no se refiere al Espíritu Santo, sino al espíritu humano. Habla del ser interior de la persona real. La verdadera adoración, según Jesús, no es una cuestión de cosas externas. No tiene que ver con adorar en cierto lugar, a cierta hora, usando ciertos ritos o vestidos con ciertas ropas. La verdadera adoración es cuestión del corazón. Pablo usa una palabra griega que se refiere especialmente a la adoración de Dios en Romanos 1:9 cuando dice que servía a Dios en su "espíritu". David escribió:

"Bendice, alma mía, a Jehová, y bendiga todo mi ser su santo nombre" (Sal. 103:1). La adoración que David rindió a Dios procedía de lo más profundo de su ser.

Hay cuatro requisitos básicos para adorar a Dios en espíritu:

Tienes que estar espiritualmente vivo. Sin el nuevo nacimiento, nadie puede verdaderamente adorar a Dios, como expresa Pablo en 1 Corintios 2:14, "Pero el hombre natural no percibe las cosas que son del Espíritu de Dios, porque para él son locura; y no las puede entender, porque se han de discernir espiritualmente". Los inconversos no pueden adorar en espíritu, porque el espíritu de cada uno de ellos está muerto en pecado (Ef. 2:1-3). De modo que no poseen la capacidad de responder a la verdad espiritual. La transformación interna producida por la salvación es, por lo tanto, un requisito previo necesario para una adoración genuina. Como escribió el salmista: "vida nos darás, e invocaremos tu nombre" (Sal. 80:18).

> *La meta de las meditaciones orientales es vaciar la mente. La meta de la meditación bíblica es llenarla con la verdad de Dios.*

Tu corazón debe centrarse en Dios. Eso implica contemplar a Dios en todo tiempo, ser capaz de decir con David: "A Jehová he puesto siempre delante de mí" (Sal. 16:8). Sembrar la verdad de Dios en tu corazón motiva tu espíritu a la adoración. Para hacer eso tienes que leer la Palabra, oír sus enseñanzas y, especialmente, meditar en ella. El Señor mandó a Josué, diciéndole: "Nunca se apartará de tu boca este libro de la ley, sino que de día y de noche meditarás en él" (Jos. 1:8). La meditación bíblica se diferencia radicalmente de la que enseñan las religiones orientales. La meta de las meditaciones orientales es vaciar la mente. La meta de la meditación bíblica es llenarla con la verdad de Dios. La meditación bíblica puede definirse como el centrar toda tu mente en un tema. La iglesia generalmente ha perdido la capacidad para pensar con profundidad y meditar en la verdad de Dios, y el resultado inevitable de ese pensar superficial es una adoración superficial y vacía de contenido.

Al leer la Biblia, hazlo para aprender más sobre el carácter y las obras de Dios. Léelo para conocer mejor a Cristo. Al meditar profundamente en sus majestuosas verdades, tu espíritu se alzará en adoración a Dios.

Tu corazón debe ser íntegro. David oró en el Salmo 86:11-12: "afirma mi corazón para que tema tu nombre. Te alabaré, oh Jehová Dios mío, con todo mi corazón". La adoración brota de un corazón íntegro y sin distracción. Es por eso que no puedes adorar a Dios mientras escondes algún pecado en tu vida. El salmista escribió: "Si en mi corazón hubiese yo mirado a la iniquidad, el Señor no me habría escuchado" (Sal. 66:18). Jesús enseñó en el Sermón del Monte que resolver la cuestión del pecado contra otros es un requisito previo para la adoración: "Por tanto, si traes tu ofrenda al altar, y allí te acuerdas de que tu hermano tiene algo contra ti, deja allí tu ofrenda delante del altar, y anda, reconcíliate primero con tu hermano, y entonces ven y presenta tu ofrenda" (Mt. 5:23-24).

Si pretendes adorar a Dios en verdad, tienes que tratar constantemente con el pecado en tu vida.

El Señor describe el Israel descarriado a Ezequiel de esta manera: "Y vendrán a ti como viene el pueblo, y estarán delante de ti como pueblo mío, y oirán tus palabras, y no las pondrán por obra; antes hacen halagos con sus bocas, y el corazón de ellos anda en pos de su avaricia" (Ez. 33:31). Su lealtad dividida les impidió adorar a Dios en verdad, como hicieron los fariseos, a quienes Jesús les advirtió: "Vosotros sois los que os justificáis a vosotros mismos delante de los hombres; mas Dios conoce vuestros corazones" (Lc. 16:15).

Si pretendes adorar a Dios en verdad, tienes que tratar constantemente con el pecado en tu vida.

Tienes que ser controlado por el Espíritu. Filipenses 3:3 define a los verdaderos adoradores como quienes adoran "en el Espíritu de Dios" (NBLA). El Espíritu Santo tiene que ser la fuerza motivadora si nuestra adoración ha de ser aceptable. Y para que Él haga tal cosa, tenemos que ser personas controladas por el Espíritu (Ef. 5:18). Ser controlado por el Espíritu significa estar constantemente rendido a su voluntad como la revela su Palabra (Col. 3:16).

¿Qué nos impide adorar en espíritu? Dicho con una palabra, el ego. Alguien totalmente centrado en sí mismo no es ni siquiera un cristiano. Y los cristianos no podemos adorar a Dios con un corazón dividido entre nosotros mismos y el Señor. Ni podemos ser controlados por el Espíritu si solo rendimos una porción de nuestra vida a su control. Si lo permitimos, el ego siempre obstruirá nuestra adoración. Es ahí donde tiene lugar la batalla para mantener la pureza de nuestra adoración.

Adorar a Dios en verdad

Es evidente que la verdadera adoración tiene que ser una respuesta a lo que es verdad respecto de Dios. Por eso, Jesús dijo: "Santifícalos en tu verdad; tu palabra es verdad" (Jn. 17:17). O, en las palabras del salmista: "Cantad con inteligencia" (Sal. 47:7). Dios no es honrado cuando lo concebimos diferente de cómo Él es, cuando entendemos mal sus atributos, sus obras, su voluntad y su propósito.

Es por eso que una comprensión correcta de la Palabra de Dios es crucial. Solo cuando se interpreta correctamente la Palabra de verdad podemos conseguir el conocimiento que es esencial para adorar a Dios de la manera como a Él le agrada.

La adoración genuina une al espíritu con la verdad mientras nuestro espíritu se eleva en alabanza como respuesta a las realidades indiscutibles reveladas en las Escrituras. La ignorancia extática y la indiferencia hacia la precisión doctrinal no tienen ningún valor. Tampoco hay ningún beneficio en la aprehensión fría y sin gozo de la verdad.

La preparación del corazón para la adoración

Hebreos 10:22 ofrece una lista escueta de verificación para la preparación de la adoración a Dios. Antes de adorar al Señor, hazte las siguientes preguntas:

> *Solo cuando se interpreta correctamente la Palabra de verdad podemos conseguir el conocimiento que es esencial para adorar a Dios de la manera como a Él le agrada.*

¿Soy sincero? El escritor de Hebreos dice: "Acerquémonos con corazón sincero". Necesitamos pedir al Señor que nos ayude a poner a un lado todas las distracciones mundanas y a centrarnos en Él.

¿Voy a Él en fe? Necesitamos acercarnos a Dios "en plena certidumbre de fe", es decir, descansando plenamente en la suficiencia del sacrificio de Cristo por nuestros pecados, no en nuestras buenas obras, para obtener acceso en su presencia.

¿Soy humilde? Necesitamos tener "purificados los corazones de mala conciencia". Las acusaciones de la conciencia nos humillan al recordarnos nuestro pecado, al igual que el recuerdo de la gracia y la misericordia de Dios hacia nosotros.

¿Soy puro? El escritor de Hebreos expresó esa verdad cuando dijo: "lavados los cuerpos con agua pura". Necesitamos confesar y abandonar nuestro pecado antes de acercarnos a Dios para adorar.

Si la respuesta a esas cuatro preguntas es sí, podemos acercarnos a Dios con confianza, sabiendo que nuestra adoración será aceptable a Él. Y la bendita verdad es que cuando nos acercamos a Dios sobre la base de sus condiciones, Él promete acercarse a nosotros (Stg. 4:8). Cuando todo eso es verdad en nosotros, seremos conocidos como pueblo de Dios que tiene una actitud genuina de adoración hacia el Dios vivo y verdadero.

GUÍA DE ESTUDIO

Capítulo 12

Adorar a Dios en espíritu y en verdad

Resumen del capítulo

Adorar a Dios en espíritu y en verdad es la responsabilidad, el privilegio y el supremo llamamiento del creyente.

Para comenzar (escoge uno)

1. Describe una situación en la que ceder a la tiranía de lo urgente te haya perjudicado a largo plazo. ¿Qué te ha ayudado desde entonces a centrarte más en lo importante?
2. ¿Cuáles son algunas de las mayores amenazas a las que se enfrenta la iglesia hoy día? ¿Qué posición ocupa la adoración inadecuada? Explica tu respuesta.

Contesta estas preguntas

1. ¿Por qué actualmente se le resta importancia a la adoración en la iglesia?
2. ¿Qué es incorrecto con dirigir el culto de la iglesia hacia los inconversos? ¿Debe la iglesia procurar que los inconversos se sientan cómodos? ¿Por qué sí o por qué no?
3. Proporciona una definición bíblica de un cristiano que se relaciona con la adoración.
4. ¿Son la adoración y el servicio a Dios mutuamente excluyentes? Explica tu respuesta.
5. Define la adoración: ¿es esta una simple actitud o puede expresarse en acciones? Apoya tu respuesta con las Escrituras.
6. ¿Cómo se convierte una persona en un verdadero adorador de Dios?

7. Menciona los cinco elementos que resumen el plan de redención en el Antiguo Testamento.

8. ¿Qué dos realidades con respecto a Dios son esenciales para la verdadera adoración?

9. ¿Por qué Dios no debe ser representado por objetos materiales?

10. Describe los dos extremos de la falsa adoración representados por los judíos y los samaritanos en los días de Jesús.

11. ¿Qué significa adorar a Dios en espíritu?

12. Menciona cuatro requisitos para adorar a Dios en espíritu.

13. ¿Cuál es el mayor obstáculo para adorar a Dios en espíritu?

14. ¿Cómo adoramos a Dios en verdad?

Céntrate en la oración

- La Biblia revela muchos de los atributos de Dios, como su poder, su sabiduría, su misericordia, su soberanía y su amor. Escoge uno o más de sus atributos, y dedica tiempo a alabarle por ellos.

- Los escritores sagrados frecuentemente alaban a Dios por sus poderosas obras de creación, liberación y redención. Piensa en algo que Dios ha hecho, ya sea de las Escrituras o de tu propia vida, y dedica tiempo a darle gracias y alabarle por ello.

Aplicación de la verdad

Como se destacó en este capítulo, meditar en las Escrituras es un elemento importante de la verdadera adoración. Lee los siguientes pasajes y menciona las diversas cosas sobre las que meditaba el salmista: Salmos 1:1-2; 63:6; 77:12; 119:15, 27, 48, 97-105; 143:5. Hazlas el tema de tu propia meditación.

13

La esperanza:
Nuestro futuro está garantizado

EL FUTURO DE LA HUMANIDAD es un tema que parece estar en la mente de mucha gente hoy día. Basta con echar un vistazo al número de libros y películas que tratan sobre la aniquilación global mediante la guerra nuclear, las invasiones de extraterrestres o los desastres naturales para darse cuenta de lo que estoy diciendo.

Esta preocupación produce en las personas la necesidad de desarrollar algún tipo de seguridad acerca de su futuro, no solo sobre su existencia mortal, sino también con respecto a su inmortalidad. Como resultado, muchos se vuelven a las diferentes religiones del mundo y a sus explicaciones del futuro y a sus promesas para el más allá. Un número creciente está confiando hoy en las promesas de la Nueva Era y su creencia en la reencarnación. Aun quienes no se adhieren a ningún código religioso ni a ningún sistema de creencias esperan que sus buenas obras les garantice un lugar en alguna existencia celestial.

Ciertas personas confían en su ingenio. Intentan protegerse contra las realidades de las inevitables tragedias de la vida mediante la acumulación de fortunas y gastarlas en investigaciones médicas no solo para prolongar la vida, sino para eludir la muerte. En el fondo, las personas necesitan poner su confianza en algo para darse a sí mismas alguna seguridad con respecto al futuro.

Algunas personas, sin embargo, descartan toda esperanza y creen que no hay vida después de la muerte. Esa postura les permite ir en pos de una filosofía hedonista de la vida para poder vivir sin ningún código moral y hacer cualquier cosa que les dé placer, porque creen que no hay juicio de la inmoralidad.

Ya sea que los inconversos sostengan una perspectiva sombría del futuro o una esperanza optimista del mañana y la eternidad, la verdad es que ellos: "[están] sin Cristo, alejados de la ciudadanía de Israel y ajenos a los pactos de la promesa, sin esperanza y sin Dios en el mundo" (Ef. 2:12). Cualquier persona sin Dios y sin Cristo no tiene esperanza para el futuro. Sin esperanza, la muerte adquiere proporciones terroríficas. Todo lo que queda es el infierno eterno, sufrimiento eterno y castigo eterno. Es por eso que Job 27:8 dice: "Porque ¿cuál es la esperanza del impío… cuando Dios le quitare la vida?". Proverbios 10:28 añade: "La esperanza de los justos es alegría, mas la esperanza de los impíos perecerá".

Solo hay dos posibles destinos en la eternidad: el cielo o el infierno, y Dios creó esos dos destinos. Los que van camino al cielo por la fe en Jesucristo tienen esperanza. El resto no tiene esperanza y experimentará la desesperación eterna del infierno sabiendo que el dolor nunca cesará. Ese es el vivo ejemplo de la desesperación.

Una definición de la esperanza

Considero que es algo espantoso contemplar la vida sin esperanza. Afortunadamente, quienes hemos puesto nuestra confianza en Jesucristo tenemos razón para confiar, y esa no es la manera en que el mundo define la esperanza. La mayoría de las personas usan el vocablo *esperanza* como un sinónimo de "deseo" o "anhelo". Esperan que alguien que anhelan ver los visite, esperan conseguir el empleo que buscan, esperan obtener las calificaciones que persiguen, esperan que sus sueños se hagan realidad.

Sin embargo, en la Biblia, la esperanza no es un deseo, sino una realidad, un hecho que aún no se ha realizado. La esperanza bíblica es una realidad que Dios ha prometido y que cumplirá. Como tal, representa el último pilar del carácter cristiano. La esperanza es la actitud espiritual que nos hace mirar al futuro confiadamente y nos motiva a ir en pos de la semejanza de Cristo con un esfuerzo máximo. Para ver cómo la esperanza es central para la vida de fe del creyente, prestemos atención a varios pasajes de las Escrituras.

La esperanza es segura

El autor de Hebreos dice de la esperanza: "La cual tenemos como segura y firme ancla del alma, y que penetra hasta dentro del velo, donde Jesús entró por nosotros como precursor" (He. 6:19-20). Nuestra esperanza es un ancla, lo cual significa que es inamovible e inquebrantable. Nuestra esperanza está encarnada en Cristo mismo, quien ha entrado en la presencia de Dios en el santuario celestial por nosotros. Allí sirve como nuestro gran Sumo Sacerdote, intercediendo siempre delante de Dios por nosotros.

En su primera epístola, el apóstol Pedro presenta pruebas adicionales de la seguridad de nuestra esperanza:

> Bendito el Dios y Padre de nuestro Señor Jesucristo, que según su gran misericordia nos hizo renacer para una esperanza viva, por la resurrección de Jesucristo de los muertos, para una herencia incorruptible, incontaminada e inmarcesible, reservada en los cielos para vosotros, que sois guardados por el poder de Dios mediante la fe, para alcanzar la salvación que está preparada para ser manifestada en el tiempo postrero. En lo cual vosotros os alegráis, aunque ahora por un poco de tiempo, si es necesario, tengáis que ser afligidos en diversas pruebas (1 P. 1:3-6).

La esperanza es una parte esencial del evangelio

"Siempre orando por vosotros, damos gracias a Dios, Padre de nuestro Señor Jesucristo, habiendo oído de vuestra fe en Cristo

Jesús, y del amor que tenéis a todos los santos, a causa de la esperanza que os está guardada en los cielos, de la cual ya habéis oído por la palabra verdadera del evangelio" (Col. 1:3-5). El evangelio incluye nuestra esperanza eterna. El gozo de nuestra salvación es que un día entraremos en la vida eterna en el cielo. Esa es una promesa real.

Los tres aspectos de nuestra salvación, pasado, presente y futuro, están fuertemente vinculados al evangelio. En Tito 1:1-2, Pablo escribe: "Pablo, siervo de Dios y apóstol de Jesucristo, conforme a la fe de los escogidos de Dios y el conocimiento de la verdad que es según la piedad, en la esperanza de la vida eterna". Pablo predicó el evangelio para que los elegidos ("los escogidos de Dios") podamos creer y ser salvos. Ese es el aspecto pasado, nuestra justificación. Aquellos escogidos de Dios oímos el evangelio, creemos y, por lo tanto, somos justificados por Él. El aspecto presente del evangelio es "el conocimiento de la verdad que es según piedad". Eso es nuestra santificación. El aspecto futuro es "la esperanza de la vida eterna", lo cual es nuestra glorificación.

En el pasado fuimos salvos de la penalidad del pecado, no seremos condenados. No pagaremos las consecuencias de nuestros pecados porque

> *La esperanza es la actitud espiritual que nos hace mirar al futuro confiadamente y nos motiva a ir en pos de la semejanza de Cristo con un esfuerzo máximo.*

Dios nos atribuyó la justicia de Cristo en el momento en que creímos. Cristo llevó toda nuestra iniquidad en su propio cuerpo en la cruz. En el presente estamos siendo salvos del poder del pecado porque el Espíritu Santo y la verdad de las Escrituras nos dan la victoria sobre el pecado. Y seremos salvos de la presencia del pecado cuando estemos en el cielo en el futuro. Sin la promesa de una gloria futura, el evangelio sería una promesa vacía en vez de ser un hecho certísimo.

La esperanza nos hace perseverar

Romanos 8 es un gran capítulo por su promesa para el creyente. En este capítulo, Pablo declara que Dios cumplirá la esperanza del creyente y lo llevará a la gloria:

> y no solo ella, sino que también nosotros mismos, que tenemos las primicias del Espíritu, nosotros también gemimos dentro de nosotros mismos, esperando la adopción, la redención de nuestro cuerpo. Porque en esperanza fuimos salvos; pero la esperanza que se ve, no es esperanza; porque lo que alguno ve, ¿a qué esperarlo? Pero si esperamos lo que no vemos, con paciencia lo aguardamos… Y sabemos que a los que aman a Dios, todas las cosas les ayudan a bien, esto es, a los que conforme a su propósito son llamados. Porque a los que antes conoció, también los predestinó para que fuesen hechos conformes a la imagen de su Hijo, para que él sea el primogénito entre muchos hermanos. Y a los que predestinó, a estos también llamó; y a los que llamó, a estos también justificó; y a los que justificó, a estos también glorificó (Ro. 8:23-25, 28-30).

Nuestra esperanza es la gloria. Queremos experimentar la redención de nuestro cuerpo y ser finalmente liberados de la batalla pecaminosa en nuestra carne. Ese es uno de los elementos de nuestra salvación que está por realizarse. Aunque es futuro, está prometido, depositado y garantizado. De modo que, para nosotros, la gloria es una realidad. Por eso es que perseveramos mientras esperamos con ansiedad nuestra glorificación. Sin importar las luchas y pruebas que enfrentemos mientras esperamos, podemos estar seguros de que Dios cumplirá su llamado y nos llevará a la gloria. Puesto que Dios hizo el esfuerzo para justificarnos, podemos estar seguros de que también nos glorificará porque ese es su plan.

Las características de la esperanza

La Biblia desglosa el concepto de nuestra esperanza en varios componentes. A continuación se enumeran diez características de nuestra esperanza que debieran producir gozo en nuestro corazón.

Nuestra esperanza procede de Dios

Es esencial saber que nuestra esperanza es objetiva, no subjetiva. No es un castillo en el aire secular que nos dice que podemos ser cualquier cosa que deseemos ser. No podemos crear ni controlar el futuro. No tenemos ni el poder ni la sabiduría para hacerlo. No tenemos que elaborar ningún proyecto para el futuro. Dios ya nos ha dado uno. El Salmo 43:5 dice: "¿Por qué te abates, oh alma mía, y por qué te turbas dentro de mí? Espera en Dios; porque aún he de alabarle, salvación mía y Dios mío". El salmista simplemente nos recuerda que no debemos desesperarnos porque Dios es la fuente de nuestra esperanza.

Nuestra esperanza es un don de la gracia

En 2 Tesalonicenses 2:16-17, leemos: "Y el mismo Jesucristo Señor nuestro, y Dios nuestro Padre, el cual nos amó y nos dio consolación eterna y buena esperanza por gracia, conforte vuestros corazones, y os confirme en toda buena palabra y obra". La consolación eterna y la buena esperanza que Dios nos dio no es algo que merecemos. Dios la da a quien Él quiere, según su propio deseo soberano.

Nuestra esperanza está definida por las Escrituras

Romanos 15:4 dice: "las cosas que se escribieron antes, para nuestra enseñanza se escribieron, a fin de que por la paciencia y la consolación de las Escrituras, tengamos esperanza". Cuando necesitemos consolación y estímulo, miremos a la Palabra de Dios porque esta nos dará esperanza en medio de todas las luchas de la vida.

Nuestra esperanza es razonable

Nuestra esperanza no es irracional. No se basa en cómo están alineadas las estrellas, ni en el consejo de algún clarividente. Nuestra esperanza se define en las Escrituras, y eso la hace razonable. El apóstol Pedro dijo: "santificad a Dios el Señor en vuestros corazones, y estad siempre preparados para presentar defensa con mansedumbre y reverencia ante todo el que os demande razón de la esperanza que hay en vosotros" (1 P. 3:15). Si alguien te pregunta qué crees que va a ocurrir en el mundo, puedes llevarlo a la Biblia y explicarle el plan de Dios para el futuro.

Nuestra esperanza está asegurada por la resurrección de Cristo

Pedro lo expresa claramente diciendo: "nos hizo renacer para una esperanza viva, por la resurrección de Jesucristo de los muertos" (1 P. 1:3). Jesucristo resucitó de los muertos. Más de quinientas personas lo vieron en una ocasión (1 Co. 15:6). Sus discípulos tuvieron comunión con Él después de su resurrección (Lc. 24:36-49; Jn. 20:19–21:23). Comieron con Él y lo tocaron. Vieron las marcas en sus manos como resultado de su crucifixión. Antes de su crucifixión Jesús dijo: "porque yo vivo, vosotros también viviréis" (Jn. 14:19). Esa es nuestra esperanza. Él pasó por la muerte, pero surgió de ella vivo, preparando el camino para nosotros.

Nuestra esperanza es confirmada por el Espíritu Santo

Romanos 15:13 dice: "Y el Dios de esperanza os llene de todo gozo y paz en el creer, para que abundéis en esperanza por el poder del Espíritu Santo". La Biblia explica nuestra esperanza y, cuando pasamos por alguna crisis, el Espíritu Santo nos llena de poder para soportarla. El conocimiento de las Escrituras trabaja en combinación con el poder dinámico del Espíritu para sostenernos en las horas más oscuras, capacitándonos para aferrarnos a su esperanza.

Nuestra esperanza es una defensa contra los ataques de Satanás

Satanás quiere que dudemos y cuestionemos a Dios, así que ataca nuestra mente con dudas acerca de la realidad de nuestra salvación. Pero nosotros estamos vestidos con la coraza de fe y amor, y con la esperanza de salvación como yelmo (1 Ts. 5:8). De modo que podemos permanecer seguros en el conocimiento de la Palabra de Dios y sus muchas promesas de nuestra eterna salvación (Jn. 6:37-39; 10:28-29; Ro. 5:10; 8:31-39; Fil. 1:6; 1 P. 1:3-5). Las Sagradas Escrituras nos dan el fundamento sobre el cual edificar nuestra esperanza.

Nuestra esperanza es fortalecida a través de las pruebas

Cuantas más pruebas experimentamos, más oportunidades tenemos de ejercitar nuestra esperanza. Y cuanto más la ejercitamos, más fuerte llegamos a ser, capacitándonos para soportar sufrimientos aun mayores. Es así como obra la gracia de Dios. Debemos esperar con ansias las pruebas porque estas perfeccionan muchas áreas de nuestra vida, incluyendo nuestra esperanza (Stg. 1:4, 12).

En la medida en que experimentemos más y más pruebas, más anhelaremos el cielo. Todo lo que deseamos está en el cielo. Al hacernos mayores, más de nuestros seres queridos se habrán ido allí. De modo que el cielo se hace aún más precioso. Cuando experimentas suficientes pruebas, dirás con el apóstol Pablo: "Porque para mí el vivir es Cristo, y el morir es ganancia… teniendo deseo de partir y estar con Cristo" (Fil. 1:21-23).

Nuestra esperanza produce gozo

Aun en medio de la tristeza, nuestra esperanza produce gozo. El Salmo 146:5 une la esperanza con el gozo: "Bienaventurado aquel cuyo ayudador es el Dios de Jacob, cuya esperanza está en Jehová su Dios". Cuando tenemos esperanza en Dios, tenemos gozo.

Nuestra esperanza se cumplirá en el regreso de Cristo

Podríamos pensar que la esperanza se cumple justo después de morir. Pero la muerte simplemente lleva el espíritu de cada uno de nosotros al cielo; nuestro cuerpo aún tiene que ser levantado el día del rapto de la iglesia: "Porque el Señor mismo con voz de mando, con voz de arcángel, y con trompeta de Dios, descenderá del cielo; y los muertos en Cristo resucitarán primero. Luego nosotros los que vivimos, los que hayamos quedado, seremos arrebatados juntamente con ellos en las nubes para recibir al Señor en el aire, y así estaremos siempre con el Señor" (1 Ts. 4:16-17). Los que han muerto en Cristo, cuyo espíritu ya está con el Señor, serán unidos con su cuerpo glorificado. Será entonces cuando nuestra esperanza se convertirá en realidad.

La práctica de la esperanza

Aún queda una pregunta: ¿Cómo afecta nuestra esperanza a nuestra vida presente? Necesitamos considerar 1 Juan 2:28–3:3 para ver cómo el apóstol Juan trata el tema de la esperanza y su aplicación diaria a los creyentes.

Como observamos en la sección anterior, el espíritu de los creyentes que mueren va directamente a la presencia del Señor y viven en gozo y justicia perfecta. Pero los creyentes todavía no están completos porque no han experimentado la plena consumación de su esperanza en la resurrección del cuerpo glorificado. Juan explica nuestra situación presente cuando dice: "Amados, ahora somos hijos de Dios, y aún no se ha manifestado lo que hemos de ser" (1 Jn. 3:2). Todavía no hemos sido glorificados, como lo seremos cuando Cristo regrese. En ese momento, esos creyentes que han muerto y los que estén vivos serán hechos perfectos tanto en el hombre interior como en el exterior. Nuestra esperanza será finalmente realizada en plenitud.

Para enseñarnos cómo debemos prepararnos para ese día, Juan nos da cinco características de la esperanza del creyente. He aquí cómo los creyentes viviremos si tenemos esperanza.

La esperanza es garantizada mediante la permanencia

Juan escribe: "Y ahora, hijitos, permaneced en él, para que cuando se manifieste, tengamos confianza, para que en su venida no nos alejemos de él avergonzados" (1 Jn. 2:28). Cuando el Señor regrese, habrá dos reacciones: los santos le darán la bienvenida, pero los inicuos se avergonzarán. Apocalipsis 6:15-16 expresa así la reacción de los inicuos: "se escondieron en las cuevas y entre las peñas de los montes; y decían a los montes y a las peñas: Caed sobre nosotros, y escondednos del rostro de aquel que está sentado sobre el trono, y de la ira del Cordero".

Como creyentes no necesitamos escondernos cuando Él venga. Podemos tener confianza porque hemos permanecido en Él. La idea de permanecer es definida mejor por la imagen que Jesús presenta cuando se asemejó a sí mismo con la vid y a los creyentes con los pámpanos: "Permaneced en mí, y yo en vosotros. Como el pámpano no puede llevar fruto por sí mismo, si no permanece en la vid, así tampoco vosotros, si no permanecéis en mí" (Jn. 15:4).

El vocablo "permaneced" proporciona evidencia de salvación genuina. Juan alude a eso cuando se refiere a supuestos creyentes que "Salieron de nosotros, pero no eran de nosotros; porque si hubiesen sido de nosotros, habrían permanecido con nosotros; pero salieron para que se manifestase que no todos son de nosotros" (1 Jn. 2:19). Las personas con fe genuina permanecerán en la comunión de los creyentes. No cambiarán de bando. No negarán a Cristo ni abandonarán su verdad. Jesús reiteró la importancia de permanecer cuando dijo a los judíos que habían creído en Él:

"Si vosotros permaneciereis en mi palabra, seréis verdaderamente mis discípulos" (Jn. 8:31).

Cuando el apóstol Juan llama a los creyentes a permanecer en Cristo, eso es, en esencia, un llamado a la perseverancia de los santos. Nos exhorta a ser leales al evangelio, a vivir en constante dependencia de Jesucristo, y a otorgarle una obediencia continua y afectuosa a su Palabra.

Eso de ningún modo cancela la parte de Dios en asegurar nuestra salvación. El Señor promete que nunca perderá a ninguno de los suyos y que nos llevará a la gloria. Pero esos sublimes privilegios no cancelan nuestras obligaciones de ser hijos obedientes, sino que aumentan nuestra responsabilidad. Cuantos mayores son los privilegios de la gracia, mayor también es nuestra responsabilidad de ser obediente. Pablo dice: "Porque la gracia de Dios se ha manifestado para salvación a todos los hombres, enseñándonos que, renunciando a la impiedad y a los deseos mundanos, vivamos en este siglo sobria, justa y piadosamente" (Tit. 2:11-12).

Cuando necesitemos consolación y estímulo, miremos a la Palabra de Dios porque esta nos dará esperanza en medio de todas las luchas de la vida.

Cuando permanecemos fieles en Cristo al mantener nuestra obediencia, eso garantiza nuestra esperanza. Tenemos una responsabilidad delante de Dios de perseverar en fe y fidelidad, a expresar diariamente nuestra obediencia amorosa a la Palabra de Dios y a los propósitos de Dios mientras se manifiestan en nuestra vida. Pablo vivió con esa actitud y pudo decir al final de su vida: "He peleado la buena batalla, he acabado la carrera, he guardado la fe. Por lo demás, me está guardada la corona de justicia, la cual me dará el Señor, juez justo, en aquel día; y no solo a mí, sino también a todos los que aman su venida" (2 Ti. 4:7-8). Pablo no titubeó ante la sana doctrina ni de su confianza en Dios. Como resultado, tenía confianza con respecto a su encuentro con el Señor. Tú y yo estamos obligados a permanecer fieles al Señor, tal como lo hizo Pablo.

La esperanza se realiza en justicia

Garantizamos nuestra esperanza futura mediante la permanencia, y la permanencia es otra manera de describir el vivir en justicia. Juan dice: "Si sabéis que él es justo, sabed también que todo el que hace justicia es nacido de él" (1 Jn. 2:29). Nuestra esperanza tiene que ser el resultado de un comportamiento justo. Los que esperan ser justos cuando el Señor venga tienen que manifestar justicia ahora.

Un cristiano revela su verdadero carácter mediante sus frutos. Una persona puede afirmar cualquier clase de lealtad a la fe cristiana, pero ¿cuál es el modelo de su vida? Tal como un hijo natural será como su padre, así los hijos de Dios serán como su Padre celestial. Puesto que Dios es justo, sus hijos manifestaremos su naturaleza justa. Jesús dijo: "Sed, pues, vosotros perfectos, como vuestro Padre que está en los cielos es perfecto" (Mt. 5:48). Esa es la meta que perseguimos.

El verbo "hace justicia" en 1 Juan 2:29 está en el presente de indicativo, que significa una acción continua. De modo que un verdadero creyente que tiene una esperanza genuina y permanece en Cristo practicará la justicia en su vida y se ha vestido "del nuevo hombre, creado según Dios en la justicia y santidad de la verdad" (Ef. 4:24).

Es importante que examinemos nuestras obras. Para afirmar nuestra esperanza, debemos preguntarnos: *¿Qué es lo que creo?* Y a continuación, *¿A qué es semejante mi vida?* Si no tenemos una pasión y un deseo de justicia, entonces es de dudarse que seamos verdaderos cristianos.

La esperanza se establece sobre el amor

Juan escribió: "Mirad cuál amor nos ha dado el Padre, para que seamos llamados hijos de Dios" (1 Jn. 3:1). Compartimos el asombro de Juan al contemplar el maravilloso amor de Dios, que otorga tan increíble honor a nosotros los pecadores y nos hace hijos en su familia. Juan 1:12 dice: "Mas a todos los que le recibieron, a los que creen en su nombre, les dio potestad de ser hechos hijos de Dios". Ser hijos de Dios es una expresión desbordante de su gran amor.

La frase "cuál amor" en 1 Juan 3:1 se refiere a algo foráneo. El amor que Dios nos ha mostrado es algo extraño a cualquier cosa que podamos concebir, extraño a cualquier cosa que podamos imaginar, y extraño a cualquier cosa conocida por la raza humana. Más adelante en la epístola, Juan dice: "En esto se mostró el amor de Dios para con nosotros, en que Dios envió a su Hijo unigénito al mundo, para que vivamos por él" (1 Jn. 4:9). Ese amor tan trascendental que motivó al perfecto Hijo de Dios a sacrificarse a sí mismo para redimirnos es la base de nuestra esperanza. Y "por esto el mundo no nos conoce, porque no le conoció a él" (1 Jn. 3:1). El mundo no puede comprender el amor de Dios porque no puede comprender el evangelio.

La esperanza se cumple en la semejanza a Cristo

Juan continúa diciendo: "Amados, ahora somos hijos de Dios, y aún no se ha manifestado lo que hemos de ser; pero sabemos que cuando él se manifieste, seremos semejantes a él, porque le veremos tal como él es" (1 Jn. 3:2). Nuestra esperanza aún no está plenamente realizada. Tito 2:13 dice que estamos "aguardando la esperanza bienaventurada y la manifestación gloriosa de nuestro gran Dios y Salvador Jesucristo". Cuando Cristo regrese, nuestra esperanza se cumplirá.

Recuerda las palabras de Pablo: "Porque a los que antes conoció, también los predestinó para que fuesen hechos conformes a la imagen de su Hijo, para que él sea el primogénito entre muchos hermanos" (Ro. 8:29). El plan de Dios es redimir a sus elegidos y hacerlos semejantes a su Hijo. Cuando Jesús regrese para arrebatar a la iglesia, veremos el cumplimiento de ese diseño y seremos hechos en la semejanza de Jesucristo.

Pablo nos recuerda cuál es nuestra meta en esta vida: "prosigo a la meta, al premio del supremo llamamiento de Dios en Cristo Jesús" (Fil. 3:14). Tanto la meta como el premio es la semejanza a Cristo. La meta de nuestra salvación es la semejanza a Cristo, el cumplimiento de nuestra esperanza es la semejanza a Cristo, y la búsqueda de nuestra vida es ser más y más como Cristo.

La esperanza es garantizada por la pureza

Juan concluye esta sección diciendo: "Y todo aquel que tiene esta esperanza en él, se purifica a sí mismo, así como él es puro" (1 Jn. 3:3). Cuando vivimos con la meta de ver a Jesucristo cara a cara, eso tendrá un efecto purificador

Necesitamos vivir cada momento como si Él fuera a venir en un instante, porque Él podría venir en cualquier momento.

en nuestra vida. Cuando nos encontremos con Él, Él examinará nuestra obra y nos recompensará (1 Co. 3:10-15). Pero es posible que perdamos nuestro galardón, de modo que: "Mirad por vosotros mismos, para que no perdáis el fruto de vuestro trabajo, sino que recibáis galardón completo" (2 Jn. 8).

Sé que el Señor puede volver en cualquier momento, así que mi meta ha sido vivir de tal manera que cuando me enfrente a Él pueda ofrecerle mi vida pura. Esa meta tuvo su origen cuando era un niño y leí el siguiente poema que mi abuelo guardaba en su Biblia.

> Cuando esté de pie ante el tribunal de Cristo
> y Él me muestre su plan para mí,
> el plan de mi vida como debió haber sido,

y vea cómo lo obstaculicé aquí y cómo lo detuve allá
y no me sometía a su voluntad,
¿habrá tristeza en los ojos de mi Salvador,
tristeza a pesar de su gran amor?
Él quería que fuese rico, pero estaré allí pobre
desprovisto de todo excepto de su gracia,
mientras la memoria corre como cosa atormentada
cuesta abajo por un camino por el que no he de volver.
Entonces mi desolado corazón estará a punto de que-
  brantarse;
con lágrimas que no puedo derramar,
cubriré mi rostro con las manos vacías,
inclinaré mi cabeza sin la corona.
Oh Señor, de los años que aún me quedan
los entrego en tus manos.
Tómame, quebrántame, moldéame
conforme al patrón que has diseñado.

Las emociones que siento ahora son semejantes a las que el poeta debió sentir cuando escribió esas palabras. No quiero tener ninguna razón para sentir vergüenza en la venida de Cristo. Quiero estar haciendo lo que honra y agrada a Él. Quiero estar viviendo una vida pura. Si nuestro centro de atención está en Jesucristo, viviremos una vida pura y podremos decir con el apóstol Juan: "sí, ven, Señor Jesús" (Ap. 22:20).

La iglesia en Tesalónica era una gran iglesia. Cuando Pablo escribió a sus miembros, nunca los reprendió. Solo los instruyó y los alabó. Una de sus alabanzas fue esta: "Damos siempre gracias a Dios por todos vosotros, haciendo memoria de vosotros en nuestras oraciones, acordándonos sin cesar delante del Dios y Padre nuestro de la obra de vuestra fe, del trabajo de vuestro amor y de vuestra constancia en la esperanza en nuestro Señor Jesucristo… y esperar de los cielos a su Hijo, al cual resucitó de los muertos, a Jesús, quien nos libra de la ira venidera" (1 Ts. 1:2-3, 10). ¿Estamos en ese compás de espera? ¿Estamos viviendo como si Jesús fuera a venir en el próximo momento? ¿Estamos viviendo de tal manera que si Él viniera estaríamos satisfechos de que examinara nuestra vida? Necesitamos vivir cada momento como si Él fuera a venir en un instante, porque Él podría venir en cualquier momento.

Esa es, pues, nuestra esperanza. No debería asustarnos. En cambio, debería llenar nuestro corazón de gozo.

Si estamos edificando nuestra vida sobre los pilares del carácter cristiano que hemos estudiado a lo largo de este libro, no seremos avergonzados cuando Cristo venga, sino que estaremos confiados.

GUÍA DE ESTUDIO

Capítulo 13

La esperanza: Nuestro futuro está garantizado

Resumen del capítulo

La esperanza bíblica es una parte esencial y objetiva de nuestra salvación pasada, presente y futura, que Dios ha prometido en su Palabra y motiva nuestra santificación mientras procuramos diariamente ser más semejantes a Cristo.

Para comenzar (escoge una)

1. ¿Cómo definías la *esperanza* cuando eras un niño? ¿En qué cosas solías depositar tu esperanza? ¿Se cumplieron la mayoría de esas esperanzas? ¿Cómo? ¿Cuáles no?

2. ¿Qué, aparte de la incertidumbre de la muerte, piensas que amenaza más el sentido de esperanza del inconverso? Considera dos o tres posibilidades. ¿Te encuentras con esas incertidumbres con frecuencia durante una semana cualquiera? De ser así, ¿cómo?

Contesta estas preguntas

1. ¿Cuáles son los dos únicos destinos eternos posibles para las personas? ¿Cómo afecta eso la cuestión de la esperanza? Cita varios pasajes bíblicos.

2. ¿Cuál es la característica y la representación de la esperanza tal como se expresa en Hebreos 6:19-20?

3. ¿Cuáles son los tres aspectos de la salvación? (Cada uno incluye tanto una referencia temporal como una correspon-

diente designación doctrinal). Cita pasajes para apoyar tu respuesta.

4. ¿Es la esperanza objetiva o subjetiva? Apoya tu respuesta con la Palabra de Dios.

5. ¿Qué detalles históricos en el Nuevo Testamento relacionados con la resurrección de Cristo fortalecen la esperanza del cristiano?

6. ¿Qué hace el Espíritu Santo para ayudarte a mantener una esperanza genuina?

7. ¿Qué categoría de experiencias de la vida que encontramos con más y más frecuencia debería de hacernos ansiar más el cielo?

8. ¿Qué analogía presentada por Cristo describe mejor el concepto de permanecer? ¿Cuál es la definición básica y el propósito de nuestra permanencia? Da al menos dos referencias bíblicas.

9. ¿Cómo revela un cristiano su verdadero carácter (1 Jn. 2:29)?

10. ¿Cuál es la meta y el premio de la vida terrenal del creyente (Fil. 3:14; Tit. 2:13)?

11. ¿Qué efecto tiene la meta final de la vida cristiana en nuestra vida presente (1 Jn. 3:2-3)? ¿Qué incentivo adicional está presente? (1 Co. 3:10-15; 2 Jn. 8).

Céntrate en la oración

- Da gracias a Dios porque, por medio de su Palabra y de su Hijo, ha provisto muchas razones sólidas para que tengas verdadera esperanza.

- Ora por un amigo no creyente o por un amigo cristiano que esté luchando con la cuestión de la seguridad, para que él pueda, por la gracia y la misericordia de Dios, recibir una nueva o una renovada esperanza.

Aplicación de la verdad

Lee Apocalipsis 21–22 y concéntrate en el futuro glorioso que espera a cada creyente. Menciona todas las cosas en ese pasaje que deben ser fuentes de esperanza y gozo. Medita detenidamente en varios asuntos de esa lista, y anota ideas adicionales que el Señor te dé. Observa también las advertencias que aparecen al final del capítulo 22. ¿Cómo deben esas advertencias ser incentivos para la práctica de la santidad?

Índice de las Escrituras

TEOLOGÍA SISTEMÁTICA

UN ESTUDIO PROFUNDO DE LA DOCTRINA BÍBLICA

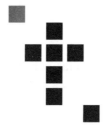

JOHN MACARTHUR

RICHARD MAYHUE

Aclamado como uno de los expositores más talentosos de hoy, MacArthur presenta una visión sistemática de las principales creencias cristianas. Profundiza tu comprensión de las doctrinas relacionadas con la Palabra de Dios, cada persona de la Trinidad, la humanidad y el pecado, la salvación, los ángeles, la iglesia y el futuro del mundo.

EDITORIAL
PORTAVOZ

NUESTRA VISIÓN

Maximizar el efecto de recursos cristianos de calidad que transforman vidas.

NUESTRA MISIÓN

Desarrollar y distribuir productos de calidad —con integridad y excelencia—, desde una perspectiva bíblica y confiable, que animen a las personas a conocer y servir a Jesucristo.

NUESTROS VALORES

Nuestros valores se encuentran fundamentados en la Biblia, fuente de toda verdad para hoy y para siempre. Nosotros ponemos en práctica estas verdades bíblicas como fundamento para las decisiones, normas y productos de nuestra compañía.

Valoramos la excelencia y la calidad
Valoramos la integridad y la confianza
Valoramos el mérito y la dignidad de los individuos y las relaciones
Valoramos el servicio
Valoramos la administración de los recursos

Para más información acerca de nuestra editorial y los productos que publicamos visite nuestra página en la red: www.portavoz.com